FACULTÉ DE DROIT DE PARIS

THÈSE

POUR LE DOCTORAT

SOUTENUE

le mardi 26 mars 1872, à 2 heures

PAR

LUDOVIC ESPIVENT DE LA VILLESBOISNET

AVOCAT A LA COUR D'APPEL DE PARIS

PARIS

TYPOGRAPHIE LAHURE

9, RUE DE FLEURUS, 9

—

1872

DE L'OCCUPATION

EN DROIT ROMAIN

DE LA CHASSE

EN DROIT FRANÇAIS

THÈSE POUR LE DOCTORAT

SOUTENUE

Le mardi 26 mars 1872, à deux heures

PAR

Ludovic ESPIVENT DE LA VILLESBOISNET

avocat à la Cour d'appel de Paris.

Président : M. LABBÉ.

Suffragants { MM. BONNIER, DUVERGER, DEMANTE, BOISTEL, } Professeurs / Agrégé

PARIS

TYPOGRAPHIE LAHURE

RUE DE FLEURUS, 9

1872

A MON PÈRE

ET A MA MÈRE

DE L'OCCUPATION EN DROIT ROMAIN.

NOTIONS PRÉLIMINAIRES.

Les modes d'acquérir la propriété sont indiqués dans les fragments d'Ulpien : « singularum rerum dominia nobis adquiruntur mancipatione, traditione, usucapione, in jure cessione, adjudicatione, lege »[1] ; mais cette énumération n'est pas complète. Le jurisconsulte omet l'occupation sans doute parce que les progrès de la civilisation lui enlevaient chaque jour une partie de son importance en diminuant de plus en plus le nombre des choses non appropriées.

Quoi qu'il en soit l'occupation doit toujours figurer parmi les modes d'acquérir, car il y aura toujours des *res nullius*, ne fut-ce que le gibier, le poisson et les animaux sauvages.

Gaïus et Justinien l'ont bien compris et n'ont eu

[1]. Ulp. Regulæ, t. XIX, § 2.

garde de passer sous silence ce mode d'acquérir :
« nec tamen ea tantum quæ traditione nostra fiunt
naturali nobis ratione adquiruntur, sed etiam quæ
occupando ideo nostra fecerimus, quia antea nullius
essent, qualia sunt omnia quæ terra, mari, cœlo capiuntur » [1].

La loi première *de adquirendo rerum dominio*
consacre la grande division reproduite par les instituts. Elle partage les modes d'acquérir en deux
grandes classes : modes du droit des gens, modes du
droit civil [2].

L'occupation et la tradition appartiennent au
droit des gens, et par conséquent, sont accessibles
à toutes personnes, aux pérégrins comme aux citoyens ; les autres sont du droit civil, et seulement
à la portée des *cives romani* [3].

Justinien n'hésite pas à reconnaître que les modes
d'acquérir du droit des gens ont précédé ceux du
droit civil, qu'ils sont même antérieurs à la fondation
des cités, à la création des magistratures et à l'orga-
nisation des pouvoirs publics. « Palam est autem
vetustius esse jus naturale, quod cum ipso genere
humano rerum natura prodidit. Civilia enim jura
tunc esse cœperunt, cum et civitates condi et magis-
tratus creari, et leges scribi cœperunt. » [4].

---

1. Gaius, C. II, § 66. — Justinien Inst., L. II, t. I, § 12.
2. Loi 1 *de adquirendo rerum dominio.* — Just. Inst., liv. II,
tit. I, § 2.
3. Gaius, C. II, § 65 et 66.
4. Just. Inst., L. II, t. I, § 11.

C'est là d'ailleurs, un point qui n'est douteux pour personne, et notamment en ce qui touche l'occupation ; les publicistes de toutes les époques, ont constaté son origine primitive et son indispensable nécessité. C'est par l'occupation, que la propriété a commencé : « dominium rerum ex naturali possessione cœpisse Nerva filius ait ; ejusque rei vestigium remanere de his, quæ terra, mari, cœloque capiuntur ; nam hæc protinus eorum fiunt, qui primi possessionem eorum apprehenderint, item bello capta, et insula in mari enata et gemmæ, lapilli, margaritæ in littoribus inventæ, ejus fiunt, qui primus eorum possessionem nactus est » [1].

On convient assez généralement du droit du premier occupant, mais on n'est pas d'accord sur le principe fondamental de ce droit. Grotius et Puffendorf supposent qu'il y a eu entre les hommes une convention expresse ou tacite, pour donner au premier occupant la propriété des choses dont il s'est emparé. Les principes de Hobbes sont tout différents. Il part de cette idée : commun droit de tous, sur toutes choses, guerre de tous contre tous ; par conséquent, nul droit pour le premier occupant, mais seulement droit du plus fort. La force prime le droit.

Suivant Barbeyrac et Locke, le droit du premier occupant est indépendant de toute convention hu-

---

1. L. I, § 1, *de adquirenda, vel amittenda possessione*, D., Liv. XLI, t. II.

maine. L'acte d'occupation disent-ils est un travail corporel. La propriété de la chose occupée doit être le prix de ce travail. De là ils concluent que le droit du premier occupant est fondé sur un principe de justice universelle qui suffit pour donner la propriété, sans qu'il soit nécessaire de supposer une convention entre les hommes.

Cette justification du droit d'occupation nous paraît être la véritable. Ajoutons avec Merlin : sans doute tous les membres d'une communauté ont un droit égal aux choses communes; mais si la chose commune est de telle nature qu'aucun des membres de la communauté n'en puisse tirer de l'utilité sans s'en approprier l'usage, il faudra ou que la chose commune reste à jamais inutile (ce qui ne serait ni juste, ni raisonnable,) ou que quelqu'un d'entre eux puisse s'en approprier l'usage à l'exclusion des autres. C'est, pour en revenir aux auteurs latins, l'idée exprimée par Cicéron : « sunt privata nulla natura ; sed aut vetere occupatione, ut qui quondam in vacua venerunt; » et pour développer ce principe, il compare le monde à un théâtre qui appartient à la communauté, mais dans lequel cependant chacun est le maître de la place qu'il est venu occuper le premier « quemadmodum theatrum cum commune sit, recte tamen dici potest ejus esse locum quem quisque occupavit. »

En terminant ces notions générales sur l'occupation, nous devons signaler un caractère qui la distingue des autres modes d'acquérir : l'occupation est un mode originaire; tous les autres, à l'exception peut-être de la prescription, sont des modes dérivés. Celui qui acquiert par occupation n'a pas d'auteur, car il devient propriétaire d'une chose qui n'appartenait à personne. Il y a acquisition sans aliénation, par conséquent l'objet acquis arrive entre les mains de l'occupant sans aucune charge réelle.

Au contraire lorsque nous acquérons par un mode dérivé, nous succédons à un précédent propriétaire, nous recueillons tout ce qu'il avait, mais rien de plus. Nous avons un auteur et devons subir tous les droits réels qu'il aurait consentis : « quotiens autem dominium transfertur, dit Ulpien, ad eum qui accipit, tale transfertur, quale fuit apud eum qui tradit; si servus fuit fundus, cum servitutibus transit; si liber uti fuit : et si forte servitutes debebantur fundo, qui traditus est, cum jure servitutum debitarum transfertur. Si quis igitur fundum dixerit liberum, cum traderet eum qui servus sit, nihil juris servitutis fundi detrahit : verum tamen obligat se debebitque præstare quod dixit. » (¹)

Nous définirons l'occupation un moyen d'acquérir la propriété d'une chose qui n'appartenait à personne par le seul fait de l'appréhension de cette chose dans l'intention de se l'approprier.

Ce moyen d'acquérir s'applique 1° aux *res nullius* et, suivant une opinion, aux *res derelictæ* (occupatio

1. Loi 20, § 1, *de adquirendo rerum dominio. D.*, liv. XLI, t. I.

pagana) — 2° au butin fait sur l'ennemi (occupatio bellica) — 3° au trésor (inventio).

Nous consacrerons un chapitre distinct à chacune de ces applications de l'occupation. Dans un quatrième, nous traiterons de la *spécification*, qui se rattache intimement à notre sujet. Enfin, un cinquième et dernier chapitre sera employé à l'étude des effets de l'occupation.

CHAPITRE I.

DES RES NULLIUS ET DES RES DERELICTÆ.

SECTION 1re.

DES RES NULLIUS.

Les choses qu'on désigne en droit romain par l'expression de *res nullius, vel nullius in bonis,* sont celles qui, ne pouvant entrer dans le patrimoine d'une personne déterminée que par un fait d'appréhension ou d'occupation, restent jusque-là sans propriétaire.

Tels sont les animaux sauvages dans leur état de liberté naturelle (*in laxitate naturali*) les poissons de la mer et des eaux courantes, les coquillages et pierres précieuses qu'on ramasse dans la mer ou sur ses rivages; l'ambre et le corail qui se trouvent au fond de la mer ou sur les flots, les îles nées dans la mer.

§ 1. *Des animaux sauvages.*

Les animaux sauvages sont ceux dont l'homme n'est le maître qu'autant qu'il les a en son pouvoir, qui sont nés pour la liberté et en ont conservé l'usage. Justinien range parmi eux les abeilles « apium quoque natura fera est. Itaque quæ in arbore tua consederint, antequam a te alveo includantur, non magis tuæ intelliguntur esse, quam volucres quæ in arbore tua nidum fecerint[1]; » les paons et les pigeons : « pavonum et columbarum fera natura est[2]. » Il en distingue au contraire les oiseaux de basse-cour et les animaux domestiques que la nature semble avoir destinés pour vivre avec l'homme[3].

L'occupation fait acquérir la propriété de l'animal sauvage, mais de l'animal sauvage seulement. Il m'appartient dès que, vivant ou mort, il est à ma disposition d'une manière certaine.

Mais suffira-t-il qu'il soit blessé de manière à pouvoir être pris, pour être considéré comme mien? Cette question qui nous occupera assez longuement quand nous traiterons de la chasse en droit français, avait divisé les jurisconsultes. Gaius nous expose ce dissentiment. Suivant Trebatius, l'animal appartient

1. Just. Inst , Liv. II, t, 1, § 14.
2. Just Inst., Liv. II, t. 1, § 15.
3. Just. Inst., Liv. II, t. 1, § 16.

au chasseur dès qu'il s'est mis à sa poursuite et tant qu'il la continue : « Trebatio placuit statim (feram) nostram esse et eo usque nostram videri, donec eam persequamur; quod si desierimus eam persequi : desinere nostram esse, et rursus fieri occupantis[1]; » d'où la conséquence que si quelqu'un s'empare d'un animal que je poursuis, il commet un vol[2].

Cette opinion en apparence équitable est admise aujourd'hui en droit français quand la blessure et la fatigue sont telles que l'animal ne puisse plus échapper au chasseur ; mais elle avait paru aux Romains inadmissible en pratique. Comment en effet savoir avec certitude si la bête n'aurait pas réussi à se dérober aux poursuites du chasseur? C'est là l'objection qui avait fait rejeter la doctrine de Trebatius par le plus grand nombre des jurisconsultes, qui décidaient que la propriété du gibier n'était acquise qu'au moment même de la capture. C'est cette opinion générale que consacre et confirme Justinien[3].

Pour devenir propriétaire d'une *res nullius*, il faut donc qu'on s'en soit emparé, peu importe d'ailleurs en quel lieu. Les Romains en effet admettaient qu'il était permis à tout le monde de chasser ou de pêcher et donnaient l'action d'injure à celui qui au-

---

1. Loi 5, § 1, *de adquirendo rerum dominio.*
2. Même loi.
3. Just. Inst., Liv. II, t. I, § 13.

rait été empêché de chasser ou de pêcher dans un lieu public[1].

Toutefois, que décider si le gibier a été pris ou tué sur le terrain d'autrui? Appartiendra-t-il au propriétaire ou au chasseur? C'est un point fort controversé parmi les interprètes du droit romain : quelques-uns d'entre eux se sont prononcés en faveur du propriétaire, malgré le texte des instituts et un fragment de Gaius qui tranchent la question dans un sens opposé: « Nec interest quod ad feras bestias et volucres utrum in suo fundo quisque capiat an in alieno. »

Mais le plus grand nombre donnent sans hésiter la propriété du gibier au chasseur, car la circonstance, que la capture a eu lieu sur le terrain du chasseur ou sur le terrain d'autrui, n'empêche pas l'animal d'être, dans les deux cas, *res nullius*, et de devenir par conséquent la propriété du premier occupant. Aussi ce n'est pas sans étonnement que l'on compte Cujas au nombre des commentateurs qui soutiennent que le chasseur ne devient pas propriétaire du gibier pris ou tué sur le terrain d'autrui.

L'opinion du grand romaniste ne repose que sur une induction tirée de la loi 55 *de adquirendo rerum dominio;* mais une lecture attentive de ce texte

---

1. Loi 13, § 7, *de injuriis.*
2. Loi 3, § 1, *de adquirendo rerum dominio.* — Iust., Liv. II, t. I, § 12.

prouve que la conclusion qu'il veut en tirer n'a aucun fondement. Le jurisconsulte Proculus, en effet, semble bien, en terminant, considérer comme étrangère à la solution de la question qu'il examine, la circonstance que l'animal a été capturé sur le terrain d'autrui.

Quoiqu'il en soit, remarquons-le : pour qu'un chasseur soit censé maître et propriétaire du gibier, il n'est pas pré⋅ément nécessaire qu'il ait mis la main dessus; il suffit que d'une façon ou d'une autre l'animal ait été en son pouvoir, de manière à ne pouvoir lui échapper. Un sanglier tombe dans les filets que j'ai tendus, ne faut-il pas voir, se demande Proculus, si le filet a été placé dans un lieu public, ou dans un terrain particulier, sur ma propriété ou sur celle d'autrui, et dans ce dernier cas, ne faut-il pas distinguer s'il a été tendu avec ou sans la permission du propriétaire? Ne doit-on pas examiner enfin si l'animal tombé dans le piége peut encore se dégager? Toutes ces questions se réduisent à une seule. L'animal m'appartient s'il est à ma disposition « si in meam potestatem pervenit » [1].

---

1. Loi 55, *de adquirendo rerum dominio*.

Pothier constate que dans le droit moderne, celui qui aurait tendu un piége ou des collets, dans un lieu où il n'a pas le droit de les tendre, ne serait pas admis à prétendre que le gibier pris dans ces piéges lui appartient, ni a intenter aucune action contre ceux qui s'en seraient emparé. On ne peut pas même dire que le gibier en se prenant aux piéges ou aux collets qu'il a tendus, soit tombé en son pouvoir; car il n'avait pas le droit de l'y aller prendre.

De ce que le propriétaire n'est pas autorisé à retenir ou à revendiquer les animaux sauvages qui ont été pris sur son fonds par un tiers, on ne doit pas conclure que la législation romaine ait consacré le droit de chasse ou de pêche sur le fonds d'autrui ; le propriétaire peut en effet interdire à qui bon lui semble l'accès de sa propriété, « plane qui in alienum fundum ingreditur venandi aucupandive gratia potest a domino, si is providerit, jure prohiberi ne ingrederetur »[1].

Mais quelle sera la sanction de cette prohibition ? L'action d'injures, disent la plupart des commentateurs, sera donnée au propriétaire contre le chasseur, et ils citent pour le prouver la loi 13 § 7 de *Injuriis*. Cette loi, il est vrai, ne parle que du cas où quelqu'un aurait été empêché injustement de chasser ou de pêcher dans un lieu public et non de celui qui nous occupe. Mais l'analogie est si grande entre les deux cas qu'il est bien permis de les assimiler. Le propriétaire pourra en outre obtenir *au moyen de l'action de la loi Aquilia* la réparation du dommage causé.

L'usufruitier a-t-il le droit de chasser et de pêcher sur le fonds dont il a l'usufruit ? Non, disent certains auteurs, parmi lesquels nous pouvons citer

---

1. Loi 3 § 1, *de adquirendo rerum dominio*. — Loi 5, § 3, au même titre. — Inst. de Just. Liv, II, t. I § 12. — Loi 16 *de servitutibus prædiorum rusticorum*. — Loi 22, § 3, *quod vi aut clam*.

Doneau. Julien, décide, en effet, que le gibier n'est un fruit du fonds que si la chasse en forme l'un des revenus [1]. D'un autre côté, Ulpien attribue à l'usufruitier le *revenu* de la chasse et de la pêche [2]; il suppose sans doute que la chasse et la pêche forment l'un des revenus du fonds. L'usufruitier n'a donc pas, d'une manière absolue, le droit de chasse. Si, par exemple, le père de famille était dans l'usage de conserver le gibier, l'usufruitier ne pourrait le détruire parce qu'il ne doit se servir des choses que suivant leur destination.

Cette opinion n'est pas acceptable. Les animaux sauvages, en effet, dans leur liberté naturelle, ne sont pas un produit du fonds sur lequel ils se trouvent : ils n'appartiennent donc pas au propriétaire de ce fonds. Ils ne sont à personne. Aussi est-il permis, comme nous l'avons dit, au premier venu de s'en emparer; une restriction, toutefois, doit être mise à cette liberté pleine et entière de s'emparer des animaux sauvages. Tout propriétaire a le droit de défendre l'accès de son fonds, à ceux qui voudraient y pénétrer, dans l'intention d'y chasser ou pour tout autre motif.

Mais si on ne peut chasser sur le fonds d'autrui contre la défense du propriétaire, c'est uni-

1. Loi 26, *de usuris. Digest.*
2. Loi 9, § 5, *de usufructu et quemadmodum quis utatur fruatur. Digest.*

quement parce qu'il lui est loisible d'empêcher qui que ce soit de pénétrer sur son fonds. Dès lors, toute personne qui, sans en être propriétaire, a le droit de pénétrer sur un fonds et de le parcourir, a, par cela même, la liberté d'y chasser. Sauf, bien entendu, le cas où le propriétaire aurait permis de circuler sur ses terres, dans un but déterminé autre que la chasse ou la pêche; par exemple, pour s'y promener. Mais telle n'est pas la position de l'usufruitier, qui a le droit de détenir le fonds et d'en jouir, et par conséquent d'y chasser alors même que le propriétaire ne chasserait pas.

En chassant, l'usufruitier, exerce la faculté que chacun a de s'approprier ce qui, jusqu'alors, n'appartenait à personne.

Dès lors on ne saurait prétendre limiter son droit, en invoquant les principes de l'usufruit, et notamment l'obligation imposée à l'usufruitier, de jouir de la chasse, suivant la destination du père de famille. Cette obligation, en effet, ne s'entend que de la chose grevée du droit d'usufruit, et non des animaux sauvages qui peuvent se trouver sur le fonds, mais qui ne sont pas eux-mêmes grevés du droit d'usufruit. L'obligation pour l'usufruitier, de jouir, suivant la destination du père de famille, ne les concerne donc pas. C'est bien, du reste, ce qu'admettent les textes : « usufructuarium venari in saltibus vel montibus possessionis probe dicitur : nec aprum aut cervum, quem ceperit, proprium do-

mini capit ; sed fructus aut jure (civili) aut gentium
suos facit[1]. »

Dans ce fragment, Tryphoninus prend le mot
fruit dans un sens large et comme désignant un
profit quelconque. Aussi admet-il que cette acquisition peut se rattacher à l'occupation, mode qui
assurément ne fait pas acquérir les fruits d'une
chose, mais bien une chose considérée principalement. Cela posé, voici le sens du texte : « Le gibier
que prend l'usufruitier lui appartient, soit parce que
l'acquisition a pour cause l'occupation et dérive ainsi
du droit des gens, soit parce qu'elle résulte de la
faculté qu'a l'usufruitier de se servir de la chose et
dérive ainsi du droit civil, qui reconnait l'usufruit. »

C'est d'après ces principes, qu'Ulpien attribue sans
distinction à l'usufruitier le *revenu*, c'est-à-dire, le
gain qu'il peut tirer de la chasse ou de la pêche.
Quant à la solution donnée par Julien[2] elle est étrangère à la question qui nous occupe. Julien en effet
traitait de la revendication ; voici probablement
quelle a été sa pensée : le gibier n'étant pas un fruit,
le possesseur évincé par le propriétaire n'a pas à lui
en tenir compte, sauf le cas où la chasse formerait
l'un des revenus du fonds. Telle est l'interprétation
de Cujas.

Ainsi Julien loin d'être opposé à notre opinion,

1. Loi 62, *princip. de usufructu et quemadmodum quis utatur
fruatur. D.*

2. Loi 26, *de usuris. D.*

comme le prétend Doneau, la fortifie au contraire puisqu'il reconnaît implicitement la faculté de chasser même au possesseur comptable des fruits, c'est-à-dire au possesseur de mauvaise foi.

La propriété est en principe indépendante de la possession ; mais il en est autrement pour celle qui s'exerce sur les animaux sauvages dont nous nous emparons. De même en effet que nous en acquérons la propriété par la prise de possession, de même nous en perdons la propriété avec la perte de la possession, à la condition toutefois que l'animal sauvage recouvre sa liberté naturelle. Car si un tiers s'emparait, contre ma volonté, d'un animal que j'ai pris à la chasse bien que je ne le possède plus, je ne continuerais pas moins à en être propriétaire. Mais si le tiers lui rend la liberté, à l'instant même mon droit de propriété s'évanouira, et je n'aurai plus contre ce tiers que l'action *de dolo*, s'il y a eu dol de sa part ou une action *in factum* dans le cas contraire[1].

Remarquons que l'animal sauvage ne cesse de m'appartenir qu'autant qu'il a recouvré sa liberté d'une manière définitive ; si donc il sagit d'abeilles ou de pigeons qui ont l'habitude d'aller et de revenir ou de cerfs apprivoisés, j'en conserve la propriété, bien qu'ils ne soient pas sans cesse en ma possession. La règle est ainsi formulée aux Instituts : « in iis autem animalibus quæ ex consuetudine abire et redire so-

---

1. Loi 55, *de adquirendo rerum dominio.*

lent, talis regula comprobata est, ut eousque tua esse intelligantur, donec animum revertendi habeant ; nam si revertendi animum habere desierint, etiam tua esse desinunt et fiunt occupantium. Revertendi autem animum videntur desinere habere, tunc cum revertendi consuetudinem deseruerunt[1]. »

§ 2. *De l'occupation appliquée aux res communes.*

On appelle *res communes* certaines choses qui par leur nature échappent à toute appropriation privée : tels sont l'air, l'eau courante et la mer[2]. Il faut y ajouter les rivages de la mer qui n'étant autre chose que la portion de terre qui est recouverte d'eau dans les plus hautes marées doit nécessairement participer du caractère de la mer et être rangée comme elle au nombre des *res communes*[3].

On ne conçoit pas en effet que ces choses considérées dans leur ensemble, cessent de profiter à tout le monde. Elles ne peuvent faire l'objet d'aucun droit exclusif ni pour un individu ni pour un peuple.

Mais si un particulier va puiser de l'eau dans une rivière, ou renferme un certain volume d'air dans un ballon, il est hors de doute que cette eau ou cet

1. Just. Inst., liv. II, t. I, § 15, *in fine.*
2. Inst. Just. liv. II, t. I, § 1.
3. Inst. Just. liv. II, t. I, § 3.—*Digest.* loi 96, *de verborum significatione.*

air lui appartient *jure occupationis*. C'est même là une des applications les plus élémentaires de l'occupation. Aussi, Ovide, dans ses Métamorphoses, dit Pothier[1], fait parler ainsi Latone aux paysans de Lycie qui voulaient l'empêcher de puiser de l'eau pour boire :

Quid prohibitis aquas? usus communis aquarum est :
Nec solem proprium natura, nec aera fecit,
Nec tenues undas ; ad publica munera veni.

Le jurisconsulte Pomponius nous donne un autre exemple d'occupation du même genre. Lorsque quelqu'un bâtit un édifice dans la mer, sur pilotis, il acquiert par droit d'occupation la propriété de la partie de la mer occupée par les bâtiments qu'il y a construits « quoniam id quod nullius sit occupantis fit[2]. »

Il en était de même des bâtiments construits sur le rivage de la mer « quod in littore quis ædificaverit, ejus erit ; nam littora publica non ita sunt, ut ea quæ in patrimonio sunt populi, sed ut ea quæ primum a natura prodita sunt, et in nullius adhuc dominium pervenerunt ; nec dissimilis conditio eorum est, atque piscium et ferarum ; quæ simul atque adprehensæ sunt, sine dubio ejus, in cujus potestatem pervenerunt dominii fiunt[3]. »

1. Pothier, *T. du droit de propriété*, part. I, chap, II, sect I, art. 8.

2. Loi 30, § 4, *de adquirendo rerum dominio. Digest.*

3. Loi 14. *Princip, de adquirendo rerum dominio. Digest.*

Cependant la liberté que chacun a de s'approprier
une partie de la mer ou du rivage en l'occupant par
des constructions est soumise à une condition. Il
faut obtenir du magistrat la permission de bâtir.
Cette autorisation sera refusée si elle devait avoir
pour effet de préjudicier au peuple en entravant la
navigation, ou à des particuliers qui auraient bâti
auparavant[1]. Dans ce dernier cas le préteur donnait
au particulier qui avait souffert de la construction
un interdit contre le constructeur[2].

C'est sans doute à raison de ce pouvoir de réglementation admis par les lois romaines que Celsus et
Neratius classent les rivages de la mer dans le domaine public[3].

Tout fragment d'une chose commune devenu
propriété privée par l'occupation reprend sa nature
de *res communis* en retournant à son premier
état. Rejette-t-on dans le courant l'eau qu'on y avait
puisée, le bâtiment construit sur le rivage vient-il à
s'écrouler, tout droit de propriété disparaît. Rendus
à leur premier état, l'eau et le rivage redeviennent
choses communes. Il en est d'eux, sous ce rapport
comme de l'animal sauvage qui recouvre sa liberté :
« illud videndum est sublato ædificio, quod in littore
positum erat, cujus conditionis is locus sit : hoc

---

1. Loi 50, *de adquirendo rerum dominio.* — Loi 3 et 4, *ne
quid in loco publico. Digest.*

2. Loi 2, § 8, *ne quid in loco publico, Digest.*

3. Loi 14, § 1, *de aquirendo rerum dominio.* — Loi 3, *ne
quid in loco publico. Digest.*

est, utrum maneat ejus, cujus fuit ædificium, au rursus in pristinam causam recidit; perindeque publicus sit, ac si nunquam in eo ædificatum fuisset ; quod propius est, ut existimari debeat : si modo recipit pristinam littoris speciem [1]. »

§ 3. Des choses trouvées dans la mer et sur les rivages.

« Item lapilli, et gemmæ, et cetera quæ in littore inveniuntur, jure naturali statim inventoris fiunt [2]. » Les choses du crû de la mer, comme l'ambre, le corail, les coquillages et pierres précieuses, sont certainement des *res nullius*, susceptibles de s'acquérir par l'occupation. Mais il n'en est pas de même des effets jetés à la mer pour alléger un navire exposé à sombrer dans une tempête ou poursuivi par des ennemis ou des pirates [3]. Ces objets continuent d'appartenir à leur maître : « quia palam est eas non eo animo ejici quod quis eas habere non vult, sed quod magis cum ipsa navi maris periculum effugiat. » Celui qui s'en emparerait dans le but de se les approprier commet-

1. Loi 14, § 1, *de adquirendo rerum dominio*. — Loi 6, *Princip. de divisione rerum et qual. Digest.*
2. Inst. Just., liv. II, t. I, § 18.
3. Inst. Just., liv. II, t. I, § 48. — Loi 9, *de adquirendo rerum dominio. Digest.*

trait un *furtum*. Il en serait tout autrement si les objets jetés à la mer ne l'avaient pas été dans le but de sauver le navire et avec l'intention d'en demeurer propriétaire, mais uniquement pour s'en débarrasser, *derelinquentis animo*[1].

On doit donner la même décision pour les effets d'un naufragé; ils devront aussi être rendus à leur premier maître. Toutefois, si on s'en rapporte à un passage de Juvénal, il paraît que l'avidité des officiers du fisc impérial avait élevé des prétentions à cet égard :

> Quidquid conspicuum ex æquore toto est,
> Res fisci est ubicumque notat.

Mais, quoiqu'en aient pensé certains commentateurs, il n'y a en cela qu'une boutade du grand satirique contre les empiétements du fisc. Tous les textes, en effet, constatent le droit de la victime d'un naufrage à en recueillir les épaves : « Licere unicuique naufragium suum impune colligere constat[2], » dit Ulpien, qui cite en ce sens un rescrit d'Antonin. Une constitution de Constantin n'est pas moins affirmative. « Si quando naufragio navis expulsa fuerit ad littus, vel si quando aliquam terram attigerit, ad dominos pertineat, fiscus meus sese non interponat; quid enim jus habet fiscus in aliena calamitate, ut de re tam luctuosa compendium sectetur. »

---

1. Loi 43, § 2, *de furtis. Digest.*
2. Loi 12, *de incendio, ruina, naufragio. Digest.*

§ 4. *Des îles nées dans la mer.*

Lorsqu'une île naît dans la mer (Justinien et Gaius constatent la rareté du phénomène[1]) elle appartient au premier occupant. Si l'on s'en rapporte à Merlin, l'occupation des îles existait plutôt au profit de l'État qu'au profit des particuliers. « La république, dit-il, envoie une colonie pour peupler l'île Pontia, dans la mer de Toscane. Marius et Sylla envoient aussi des colonies pour peupler la Corse, que les anciens habitants avaient abandonnée. La république s'appropriait donc toutes les îles désertes, en faisait la distribution aux colons qu'elle y envoyait, et se réservait l'empire sur les terres et sur les cultivateurs. Rome, qui semble n'exister que pour faire la guerre, et ne faire la guerre que pour tout envahir, Rome, à qui tous les moyens furent bons pourvu qu'elle étendît sa puissance, Rome n'avait garde de laisser à la merci du premier occupant les îles qu'elle pouvait s'approprier sans effort, puisqu'elles étaient désertes[2]. »

Les îles nées dans un fleuve sont au contraire la propriété des riverains. Elles ne sont donc pas susceptibles d'occupation[3].

1. Inst., liv. II, t. I, § 2. — Loi 7, § 3, *de adquirendo rerum dominio. Digest.*
2. Merlin, Rep., v° occup. § 3, art. I.
3. Inst. Just., liv. II, t. I, § 22. — Loi 7, § 3, *de adquirendo rerum dominio, Dig.*

SECTION II.

DE LA DERELICTIO.

Celui qui délaisse la possession de sa chose avec l'intention d'en abdiquer la propriété cesse d'en être propriétaire : « pro derelicto autem habetur, quod dominus ea mente abjecerit, ut id rerum suarum esse nolet[1]. » Mais ainsi que nous l'avons déjà dit, il ne faut pas comprendre parmi les choses abandonnées les objets égarés ou perdus, qui continuent d'appartenir à leur propriétaire ; ceux qui dans une tempête ont été jetés pour alléger le navire, ou enfin ceux qui sont tombés d'un véhicule en marche[2]; dans ces cas en effet l'*animus domini* n'a pas été abdiqué et par conséquent l'occupation n'en ferait point acquérir la propriété immédiatement; elle ne servirait même pas de titre à l'usucapion[3].

Le *derelinquens* perd-il immédiatement la propriété de la chose abandonnée? Non, suivant les Proculiens; il reste propriétaire, tant qu'un tiers ne s'en est pas emparé : « sed Proculus non desinere eam rem domini esse, nisi ab alio possessa fuerit[4] » dans

1. Inst. Just., liv. II, t. I, § 47.
2. Inst. Just., liv. II, t. I. § 48.
3. Loi 6 et 7, *pro derelicto. Dig.*
4. Loi 2, *pro derelicto. Dig.*

cette doctrine le *servus pro derelicto habitus* devait conserver, malgré la derelictio le *jus stipulandi* et acquérir à son maître le bénéfice de la stipulation. Et le maître de son côté restait soumis à l'action noxale à raison des délits commis par l'esclave abandonné. Nous ne connaissons pas de texte qui le dise formellement, mais cela nous semble résulter à contrario des lois 36 *de stipulatione servorum* et 38 *de noxalibus actionibus.*

Ajoutons que si le *derelinquens* avait repris l'*animus domini* et que ce changement de volonté fût connu de l'occupant, tous les éléments du *furtum* se trouveraient réunis et l'*actio furti* pourrait être donnée [1]. Enfin et ce n'est pas la conséquence la moins importante, en supposant *res mancipi* la chose abandonnée, le *dominium ex jure Quiritium* ne pouvait pas être acquis à l'occupant avant l'accomplissement de l'usucapion. Tant qu'il n'avait pas usucapé il n'avait la chose que *in bonis.*

On a fait remarquer que le système proculien avait pour résultat de mieux assurer l'observation stricte des formes d'aliéner établies par le droit civil, et d'empêcher qu'au lieu de recourir à la mancipation ou à l'*in jure cessio*, les parties ne s'entendissent pour simuler l'une un abandon, l'autre une prise de possession spontanée.

Mais l'opinion des Sabiniens a prévalu. Il fut admis que la perte de la propriété s'opérait au mo-

---

1. Loi 43, § 5, *de furtis. Dig.*

ment même de la *derelictio* et indépendamment de l'occupation par autrui. Ainsi d'après cette école la chose abandonnée n'appartient à personne jusqu'au moment ou quelqu'un s'en saisit[1]; de là des conséquences tout à fait opposées à celles que nous avons déduites de l'opinion Proculienne. Pour les Sabiniens, pas d'action noxale contre l'ancien maître à raison d'un délit commis par un *servus pro derelicto habitus*, nullité des stipulations faites par cet esclave; pas de *furtum* possible relativement à la *res derelicta*, le *de relinquens* eût-il changé d'intention et repris l'*animus domini*, et enfin translation immédiate de la propriété quiritaire à l'occupant.

Reste à résoudre une question : faut-il rattacher à l'occupation l'acquisition des choses abandonnées ou ne doit-on pas plutôt y voir une application de la tradition faite *incertæ personæ?* C'est un point qui n'est pas sans importance si nous nous rappelons que l'occupation est un mode originaire d'acquérir, tandis que la tradition figure parmi les modes dérivés.

Mais d'abord qu'entend-on par la tradition faite *incertæ personæ?*

Chacun étant libre d'aliéner ou de ne pas aliéner sa chose, est également libre d'en transférer la propriété à telle personne plutôt qu'à telle autre. Veut-on rendre propriétaire une personne déterminée?

---

1. Inst. Just., liv. II, t. I, § 47. — Loi 1 et 2, § 1, *pro derelicto.* — Loi 43, § 5, *de furtis.* — Loi 38, § 1, *de noxalibus actionibus.*

La tradition faite dans ce but ne profitera à aucune autre. Mais si la volonté du propriétaire se porte sur une personne incertaine, la propriété se trouvera acquise au premier occupant. Les Instituts nous donnent un exemple incontestable de cette espèce de tradition, dans l'hypothèse du magistrat, préteur ou consul qui jette des pièces de monnaie au milieu de la foule : il est réputé les livrer à qui les ramassera [1].

On peut affirmer sans crainte que les Proculiens ont considéré la *derelictio* comme un cas de tradition *incertæ personæ*. La chose abandonnée n'a jamais été pour eux une *res nullius;* celui qui s'en empare la tient donc directement du *derelinquens*.

Mais la question est délicate si nous nous plaçons dans la doctrine sabinienne. La chose est devenue *res nullius* du jour même de l'abandon. N'est-il pas raisonnable d'en conclure que c'est par l'occupation, seul mode d'acquérir les choses sans maître, que la propriété est acquise à celui qui s'en est emparé ? Tel est, en effet, l'avis du plus grand nombre des interprètes et on ne peut nier la logique rigoureuse de leur conclusion. Toutefois il est permis de douter de l'exactitude de leur interprétation. Car si l'on s'y conformait, il faudrait admettre que les droits réels grevant la chose abandonnée se trouveraient anéantis, l'occupation étant un mode originaire d'acquisition de la propriété. Il suffit d'indiquer cette con-

[1] Inst. Just., liv. II, t. I, § 46.

séquence forcée du système pour le faire rejeter.
Les textes prouvent en effet que les jurisconsultes
de l'école sabinienne, peu logiques, il faut en convenir, avec leur principe de la perte immédiate de
la propriété, ont, comme les Proculiens, reconnu
dans la *derelictio* une application de la *traditio incertæ personæ*. Pomponius, en effet, tout sabinien qu'il est, établit une assimilation entre la *res
derelicta* et les pièces de monnaie jetées dans la
foule et attribue au *derelinquens* l'intention de faire
acquérir à un tiers la propriété de la chose qu'il
abandonne « id, quod quis pro derelicto habuerit,
continuo meum fit sicuti cum quis æs sparserit, aut
aves amiserit : quamvis incertæ personæ voluerit
eas esse, tamen ejus fierint, cui casus tulerit :
eaque cum quis pro derelicto habeat, simul intel-
ligitur voluisse alicujus fieri[1]. »

D'ailleurs Justinien qui confirme l'opinion sabinienne, ne rattache-t-il pas expressément l'acquisition de la chose abandonnée à la tradition, comme
cela résulte du rapprochement et du lien qu'il établit entre les hypothèses, prévues dans les §§ 46
et 47[2].

Il convient enfin d'ajouter, comme dernière
preuve, que les *res nullius* qui s'acquièrent par l'occupation sont possédées au titre *pro suo*[3], tandis que

1. Loi 5, § 1, *pro derelicto. Dig.*
2. Inst. de Just., liv. II, t. I, § 46, 47.
3. Loi 2, *Pro suo. Dig.*

les choses abandonnées font l'objet d'un titre de possession spécial[1].

Lorsqu'une chose a été abandonnée par un possesseur qui n'en était pas propriétaire, celui qui s'en est emparé la croyant ou absolument *res nullius* ou délaissée par le véritable maître, n'en peut acquérir la propriété par l'usucapion « nemo potest pro derelicto usucapere, qui falso existimaverit rem pro derelicto habitam esse[2]. »

1. *Pro derelicto*, liv. XLI, t. VII. *Dig.*
2. Loi 6, *pro derelicto. Dig.*

CHAPITRE II.

DE L'OCCUPATIO BELLICA.

Les Romains, suivant Gaius, considéraient la prise
de ce qui appartenait à l'ennemi comme le mode par
excellence d'acquérir la propriété : « Festuca autem
utebantur quasi hastæ loco, signo quodam justi dominii, maxime enim sua esse credebant, quæ ex hostibus cepissent : unde in centumviralibus judiciis hasta
præponitur[1]. »

Pour eux il n'y avait pas de droit en dehors de
leurs États, par conséquent, prendre ce qui appartenait à un étranger ou à un ennemi (ce qui pour eux
était la même chose) c'était s'emparer d'une *res nullius*. Réciproquement, ils admettaient en faveur de
leurs ennemis le même droit sur leur personne et sur
leurs biens; aussi le seul moyen, pour les peuples
voisins, de sortir de cet état d'hostilité permanente
était de faire des traités avec la République. On en
trouve dès les temps les plus reculés qui posent les

---

1. Gaius, c. IV, § 16, *in fine*.

premiers principes du droit international. Plus tard, un collége de prêtres appelés *Feciales* fut créé pour en étudier les règles et les faire appliquer[1].

Ces règles variaient suivant qu'il s'agissait d'un peuple ayant fait des traités avec Rome ou d'un peuple n'en ayant pas fait et vivant en dehors de la géographie romaine.

Les premiers en temps de paix ne pouvaient pas être inquiétés dans leur personne ou dans leurs biens ; mais en temps de guerre, c'est-à-dire après une déclaration régulière (*justum bellum*)[2] environnée de toutes les formalités minutieuses qui étaient prescrites[3], ils cessaient, aux yeux des Romains, d'être propriétaires en ce sens que tout ce qui leur appartenait était acquis aux vainqueurs *jure occupationis*.

Pour les seconds, au contraire, appelés *barbares*, les Romains se croyaient toujours le droit de leur enlever tout ce qu'ils pouvaient sans aucune déclaration de guerre. Ils étaient avec Rome dans un état d'hostilité permanente et de part et d'autre ils ne se reconnaissaient aucun droit[4].

L'appropriation des choses prises sur l'ennemi constituait donc au profit du vainqueur une règle incontestable. Mais un point douteux était celui de savoir

1. Laurent, *Histoire du droit des gens.*
2. Loi 10, § 2. — Loi 21, § 1. — Loi 24, *de captivis et postliminio. Dig.*
3. Tite Live, liv. I, § 32.
4. Loi 5, § 2, *de captivis et postliminio. Dig.*

qui en devenait propriétaire ? le peuple Romain ou
l'individu même qui s'en emparait. Les instituts lais-
sent la question indécise[1]. Certains textes paraissent
consacrer sans distinction le droit du premier occupant[2]; d'autres, au contraire, reconnaissent le droit
de l'État[3]. Comment concilier ces affirmations en
apparence contradictoires ? Quelques commentateurs ont proposé la conciliation suivante : les objets
mobiliers pris à la guerre appartiennent au premier
occupant; les immeubles, au contraire, appartiennent à l'État. Nous admettons volontiers cette règle
pour les immeubles, mais elle est beaucoup trop absolue en ce qui concerne les meubles. Les meubles en effet, comme les immeubles, devenaient, à
notre avis, en principe du moins, la propriété de la
République. Mais occupons-nous d'abord des immeubles.

Des immeubles pris sur l'ennemi.

Tous les interprètes reconnaissent que les terres
conquises devenaient publiques : « publicatur ille ager

---

1. Inst. Just., liv. II, t. I, § 17.

2. Loi 5, § 7. — Loi 51, § 1, *de adquirendo rerum dominio.*
— Loi 1, § 1, *de adquirenda possessione. Dig.*

3. Loi 20 § 1 *de captivis.* — Loi 16, *de adquirendo rerum
dominio.* — Loi 31, *de jure fisci.* — Loi 11, *princip. de evictio-
nibus.* — Loi 13, *ad legem juliam peculatus. Dig.*

qui ex hostibus captus sit, » dit Pomponius. C'est en effet par la conquête que s'est formé tout le territoire romain depuis le sol de Rome jusqu'aux terres limitrophes des nations barbares. Mais l'État à qui toute conquête territoriale appartenait dès le règne de Numa, se dessaisissait en faveur des particuliers[1].

« Ce dessaisissement eut pour conséquence de séparer *l'ager romanus* de *l'ager publicus* qui jusqu'alors avaient été confondus. Les conquêtes postérieures entrèrent dans *l'ager publicus*, mais au lieu de s'ajouter à *l'ager romanus*, seul susceptible d'un véritable *dominium* privé, elles formèrent un *ager peregrinus* qui resta la propriété du peuple. Qu'est-ce à dire ? Sans doute la plupart des terres conquises furent soit abandonnées aux voisins, soit vendues ou concédées à des citoyens. Mais l'État retenait toujours un droit supérieur, il gardait du *dominium*, si non la pleine réalité, au moins le titre et certaines prérogatives. Cependant un progrès fut accompli, la guerre sociale qui avait valu à tous les Italiens la concession du droit de cité entraîna probablement aussi l'assimilation des territoires italiques à *l'ager romanus*. Tel est du moins l'état de choses que nous trouvons établi au début de l'empire. Il est certain qu'à cette époque, toutes les terres italiques sont susceptibles du *dominium* privé. Mais à l'égard des provinces, jamais Rome ne consentit à ce plein

---

1. Cicér., *de Repub.* II, 12.

abandon du droit qu'elle tenait de la conquête. Toutes les provinces sous la République avaient appartenu au peuple ; sous l'empire, les unes continuaient
de lui appartenir et les fonds qu'elles comprenaient
s'appelaient *prædia stipendiaria ;* les autres furent
rangées dans le domaine de César et les fonds qui y
étaient situés s'appelaient *prædia tributaria* [1]. Mais
ce classement, œuvre d'Auguste, resta indifférent
quant au droit privé, il dépouillait le peuple sans
rien donner ni ôter aux possesseurs des fonds provin-
ciaux [2]. »

Cette distribution des provinces, en provinces
du peuple et en provinces de César avait un grand
intérêt au point de vue administratif :

1° Les provinces du peuple étaient gouvernées par
des proconsuls nommés par le sénat, et les provinces de l'empereur par des *legati Cæsaris* que désignait
le prince. Tous ces gouverneurs de provinces sont
souvent désignés dans les textes par le nom générique de *præsides.*

2° Dans les provinces du peuple, l'administration
des finances était confiée à des *quæstores ;* dans
celles de César, à des *procuratores Cæsaris.*

3° Enfin l'impôt foncier n'avait pas la même
destination dans les deux classes de provinces :
appelé *stipendium* lorsqu'il était perçu dans les
provinces du peuple, *tributum* lorsqu'il était perçu

---

1. Gaius c. II, § 21.
2. M. Accarias. *Précis de droit romain,* n° 207.

dans les provinces de l'empereur, son produit alimentait dans le premier cas le trésor public appelé *ærarium*, dans le second le trésor du prince, *fiscus*.

Comme nous l'avons dit précédemment, « les Romains avaient l'habitude d'abandonner aux populations vaincues, une partie considérable du terrain qu'ils leur avaient conquis et de retenir l'autre pour eux-mêmes. La première portion n'était l'objet d'aucune limitation publique. Quant à la seconde, elle recevait en fait les trois destinations suivantes : certaines terres étaient vendues au profit du trésor, par le ministère des questeurs, et s'appelaient *agri quæstorii*; d'autres étaient concédées à des particuliers, souvent à des vétérans, soit à titre de don pur et simple, soit sous la condition de certaines charges et étaient appelées *agri assignati* ou *divisi*; d'autres enfin restaient dans le domaine public. Ce sont les *agri quæstorii* et les *agri assignati* qu'on limitait solennellement afin de déterminer d'une manière authentique et invariable les droits des acheteurs et des concessionnaires. Quant aux terres restées dans le domaine public, il en faut, si nous ne nous trompons, distinguer deux classes : les unes y sont restées tout entières, telles que la conquête les a données au peuple, on ne les limite pas ; d'autres sont des parcelles qui, n'ayant pu être comprises dans un mesurage régulier, sont restées en dehors des ventes et des assignations faites par le peuple; celles-là, sans être limitées directement, participent à la limitation des *agri quæstorii* ou *assignati* auxquels elles confinent[1]. »

Des meubles pris sur l'ennemi.

C'est surtout l'appropriation des meubles pris sur l'ennemi qui présente des difficultés. Appartiennent-ils à l'État, comme les immeubles, ou au premier occupant? Nous n'hésitons pas, malgré les lois 5 § 7, 51 § 1 de *adquirendo rerum dominii* et 1 § 1 *deo adquirenda possessione*, à reconnaître en principe le droit de l'État sur le butin mobilier. Il nous sera facile de le démontrer et par les textes empruntés aux historiens et par les textes des jurisconsultes.

Et d'abord Aulu-Gelle rapporte la formule d'un serment par lequel, au moment de l'enrôlement, les soldats s'engageaient à remettre au consul tout ce qu'ils auraient pris ou trouvé à l'exception de certains objets sans valeur[2].

Dans le camp, au moment de l'expédition, nous dit Polybe[3], on faisait jurer aux soldats de ne rien détourner du butin. Une partie courait au pillage tandis que l'autre restait prête à donner du secours. C'est ainsi que cet auteur nous montre Scipion, après le sac de Carthagène, faisant distribuer aux

---

1. M. Accarias, *Précis de droit romain*, n° 204.
2. *Aulu-Gelle, Nuits attiques*, XVI, 4.
3. Polybe, Liv. X.

légions le butin qu'il venait de prendre, mais gardant pour l'État les deniers publics trouvés dans la ville et les prisonniers.

Les fragments des jurisconsultes ne sont pas moins probants que ceux des historiens. Un rescrit de l'empereur Commode est ainsi conçu : « Divus Commodus rescripsit obsidum bona, sicut captivorum, omnimodo in fiscum esse cogenda. »

Mais le texte le plus précis, le plus concluant est sans contredit un passage de Modestin qui fait tomber sous l'application de la loi *Julia peculatus* tout détournement de butin pris sur l'ennemi [1]. Or la disposition de la loi *Julia peculatus* était ainsi conçue d'après Ulpien « ne quis ex pecunia sacra, religiosa, publicave auferat, neve intercipiat : neve in rem suam vertat : neve faciat, quo quis auferat intercipiat, vel in rem suam vertat nisi cui utique lege licebit, neve quis in aurum, argentum, æs publicum quid indet : neve immisceat, neve quod quid indatur, immisceatur, faciat sciens dolo malo, quo id pejus fiat » [1].

C'était donc voler l'état que de s'approprier le butin.

Il résulte bien évidemment de la comparaison des lois 13 et 1 *ad legem Juliam peculatus* que les objets mobiliers pris sur l'ennemi appartenaient à l'État. Cependant nous devons tenir compte des décisions contraires renfermées dans les lois 5 § 7,

---

1. Loi 1, *ad legem juliam peculatus*. *Dig.*

51 § 1 au titre de *adquirendo rerum dominio* et 1 § 1 de *adquirenda possessione* et admettre exceptionnellement le droit d'occupation individuelle.

On doit supposer que les auteurs de ces fragments ont songé au butin fait par des soldats agissant séparément et comme simples particuliers. Mais les choses prises par une armée, ou par un corps d'armée agissant régulièrement sous les ordres d'un chef, ce qui était le cas de beaucoup le plus fréquent, appartenaient au peuple romain.

Indiquons d'après Aulu Gelle [1] le sens des mots *præda et manubiæ*. *Præda*, c'est le butin en nature; *manubiæ* c'est l'argent provenant de la vente de ce butin par les questeurs.

Les Romains, nous l'avons dit, reconnaissaient qu'il y avait acquisition de la propriété par l'ennemi quand il s'emparait des choses appartenant à des Romains.

Mais en même temps il était admis qu'on pouvait invoquer le droit de *postliminium*, si l'on reprenait aux ennemis le butin qu'ils avaient fait. Cette règle toutefois souffrait exception quand les choses prises pouvaient rentrer dans la classe des objets dont la capture entraînait une sorte de honte ou de présomption de lâcheté, tels que les vêtements dont on était couvert, ou les armes qu'on avait perdues dans

1. *Aulu Gell.*, Liv. XII, 24.

la bataille; on ne pouvait alors invoquer le *jus postlinii*[1].

Du droit d'invoquer le *jus postliminii* nous devons conclure que la chose prise sur un Romain et rachetée par un autre n'appartenait pas à ce dernier, celui-ci pouvait seulement l'usucaper, s'il l'avait acquise de bonne foi. Telle était la règle primitive; mais plus tard une constitution impériale rendue dans l'intérêt du *redemptor* le déclare immédiatement propriétaire de la chose, réservant toutefois à l'ex-propriétaire une année pour rembourser le prix d'achat et recouvrer son droit. Passé l'année une quasi usucapion protégeait pleinement le *redemptor*.

Les jurisconsultes ne s'étaient point arrêtés à l'objection tirée de ce qu'un propriétaire ne peut usucaper sa chose. Ils avaient remarqué que les empereurs voulaient améliorer la position du *redemptor* et non pas lui retirer les avantages dont il jouissait antérieurement[2].

Les paragraphes 7 et 8 de la loi 12 *de captivis et postliminio* parlent spécialement d'un esclave racheté; mais il n'y a pas de raison pour ne pas les appliquer à toutes les choses mobilières. Les motifs sont les mêmes.

---

1. Loi 19, *princip.* — Loi 20, § 1. — Loi 2 et 3, *de captivis et post. Dig.*

2. Loi 12 § 7 et 8, *de captivis et post, Dig.*

CHAPITRE III.

DÉCOUVERTE D'UN TRÉSOR.

La définition du trésor, donnée par le jurisconsulte Paul, est bien connue : « Thesaurus est vetus quædam depositio pecuniæ cujus non extat memoria, ut jam dominum non habeat : sic enim fit ejus qui invenit, quod non alterius sit. Alioquin si quis aliquid vel lucri causa, vel metus, vel custodiæ, condiderit sub terrá, non est thesaurus; cujus etiam furtum fit. »[1]

Il est évident, d'après cette définition, que les objets précieux qu'un individu *metus vel custodiæ causa* a caché en terre ne sauraient constituer un trésor. Celui qui de mauvaise foi s'en serait emparé commettrait donc un *furtum.*

Il en serait de même dans le cas de *pecunia perdita*[2]. Les choses simplement cachées ou perdues continuent d'appartenir à leur maître.

---

1. Loi 31, § 1, *de adquirendo rerum dominio. Dig.*
2. Loi 07, *de rei vindicatione. Dig.*

Ceci bien compris, voyons à qui profite la découverte d'un véritable trésor ? D'après sa nature, le trésor est un don de la fortune[1], ou comme le dit un empereur chrétien un bienfait de Dieu[2]. Dès lors, en bonne logique, la loi devrait toujours en donner la propriété à l'inventeur. Ne peut-on pas soutenir que telle a été la législation primitive? On l'a affirmé, mais sans en apporter aucune preuve. Il résulte au contraire d'un passage d'Horace que, sous la république, le trésor appartenait au *propriétaire du sol*. D'un autre côté, on s'est fondé sur l'histoire de Bassus, racontée dans Tacite[3], pour déclarer que les trésors étaient attribués au fisc dès les premiers temps de l'empire. Mais on pourrait répondre à cela que le fonds dont parlait Bassus étant un fonds provincial, appartenait à César, ce qui ne fait que confirmer la première opinion[4]. La loi 1 *principium de jure fisci*, que l'on invoque également en faveur du fisc, n'est guère plus concluante que le passage de Tacite. Car elle peut bien s'appliquer aux cas où, d'après la législation d'Adrien et de Marc-Aurèle, dont nous parlerons bientôt, le fisc avait des droits sur le trésor.

On le voit, l'histoire de l'attribution du trésor chez les Romains est pleine d'obscurité, et il est dif-

---

1. Loi 63. § 1, *de adquirendo rerum dominio. Dig.*
2. Loi unique au Code de *Thesauris.*
3. *Annales*, Liv. VI, ch. 1.
4. *Hist. Gothof. ad Cod. Theod.*, Liv. X, t. XVIII.

ficile de se prononcer sur ce point. C'est seulement à l'époque d'Adrien que nous trouvons des dispositions précises[1]. A cette époque, il y a plusieurs hypothèses à distinguer.

1° C'est le propriétaire lui-même qui trouve le trésor dans son propre fonds, il lui appartient tout entier ; et cela, qu'il l'ait cherché où découvert par hasard : *liberam tribuimus facultatem*, disait l'empereur Léon, qui toutefois défendait au propriétaire d'employer la magie pour l'aider à découvrir un trésor, *sceleratis ac puniendis sacrificiis, aut alia qualibet arte legibus odiosa*[2].

Par propriétaire du fonds il faut entendre, nonseulement celui qui a la propriété *quiritaire*, mais aussi celui qui a le fonds *in bonis*, car cette propriété prétorienne donne, sauf certaines restrictions expressément prévues, tous les avantages et tous les droits du *dominium ex jure quiritium*.

Nous considérerons également comme propriétaire le nu-propriétaire, d'où il faut conclure que l'usufruitier n'a aucun droit au trésor *ex jure soli*. Nous donnerons la même décision pour l'usager, pour celui qui a sur le fonds un simple droit de superficie ou d'emphytéose, et pour le possesseur de bonne foi, qui devrait, suivant nous, restituer au propriétaire le trésor qu'il aurait recherché et découvert, pendant la durée de sa possession.

---

1. Inst Just., Liv. II, t. XIX, § 39.
2. Loi unique au Code de *Thesauris*.

Cette solution, toutefois, est contestée par Vinnius[1] en ce qui concerne l'emphytéote. Mais les
raisons alléguées par cet interprète, nous semblent
peu convaincantes. Il se borne en effet à démontrer
que des différences sérieuses existent entre l'usufruitier et l'emphytéote. Mais résulte-t-il de là que l'emphytéote soit vraiment propriétaire, et qu'il puisse
dire que le fonds, sur lequel le trésor a été trouvé
est à lui ?

2° Le trésor a été trouvé dans le fonds d'autrui,
une distinction doit être faite : a-t-il été découvert
par l'effet du hasard, il appartient pour moitié à l'inventeur, pour moitié au propriétaire du fonds où il
a été découvert. A-t-il au contraire été cherché, il
appartient pour le tout au propriétaire du fonds qui
le récelait.

Cette règle est encore suivie dans notre droit français (716 C. C.). L'attribution que la loi fait de la
moitié du trésor à l'inventeur dans le cas où il l'a
découvert par hasard, est très-facile à justifier. Le
trésor en effet n'est pas un fruit du fonds, pas plus
qu'il n'en est un produit extraordinaire, ou une
partie intégrante. Il a toujours été ce qu'il est : une
chose conservant son individualité mobilière dans
le fonds où elle a été cachée. Comme cette chose est
réputée n'avoir pas de maître « ut jam dominum
« non habeat, » il est tout naturel qu'elle soit acquise
par droit d'occupation à celui qui l'a trouvée : « sit

---

1. *Vinnius, com.* du § 49, des Inst. de Just.

enim ejus qui invenit, quod non alterius sit[1] » disait Paul.

Mais avec ce raisonnement il semble que ce n'est
pas seulement la moitié du trésor, mais la totalité
qu'il faudrait attribuer à l'inventeur. Pourquoi en
effet ne deviendrait-il pas propriétaire du trésor
res nullius, comme le chasseur du gibier également *res nullius?* Un double motif justifie cette
différence, ou pour mieux dire deux raisons sont
mises en avant pour attribuer au propriétaire la
moitié du trésor trouvé sur son fonds. La première
constitue une différence entre le trésor et le gibier,
la seconde pourrait être invoquée aussi bien en faveur du gibier que du trésor.

Le premier motif consiste à dire : il y a de grandes
probabilités pour que le trésor ait été caché dans
le fonds par les anciens propriétaires, par les auteurs
du propriétaire actuel, *quod a majoribus suis pro-
fectus sit.* On ne cache pas en effet ordinaire-
ment ses objets dans le fonds d'autrui[2]. Le gibier au
contraire n'a jamais appartenu à personne.

En second lieu c'est le fonds après tout qui a conservé le trésor et comme il aurait été bien dur pour
le propriétaire de le voir attribuer tout entier à un
étranger, on a considéré qu'il y avait là aussi une
sorte d'avantage du fonds lui-même, *fundi benefi-
cium.* Voilà les raisons qui peuvent être données pour

---

1. Loi 31, § 1, *de adquirendo rerum dominio. Dig.*
2. *Vinnius,* Inst. § 30, *de rerum divisione.*

jnstifier l'attribution d'une moitié du trésor au propriétaire du fonds dans lequel un tiers l'a découvert
par hasard.

Dans le cas au contraire ou il aurait été cherché,
Vinnius nous indique en ces termes un motif pour
n'en attribuer aucune partie à l'inventeur : « Ratio
diversi juris hæc est, quod si feram in alieno capit, aut rem puta pro derelicto habitam, tollit,
nihil fundo aut fundi domino nocet : ad the-
saurum vero pervenire non potest sine offensioni-
bus et manifesto damno fundi, in cujus visceribus
thesaurus abditus jacet[1]. »

En effet, il y a, comme Vinnius le reconnaît fort
bien, une raison majeure à distinguer l'acquisition
du gibier de celle du trésor. Mais alors que décider si
celui qui a cherché le trésor, avait sans être propriétaire, le droit de faire des fouilles, c'était par exemple un possesseur de bonne foi ; devrons-nous exiger
qu'il le restitue tout entier au véritable propriétaire ?
Ou bien lui en attribuerons-nous au moins la moitié ?

On pourrait être tenté de décider qu'il faut lui en
attribuer au moins une part. Cette recherche prémé-
ditée est toute naturelle ; il n'est pas en faute comme
l'inventeur ordinaire. Cependant nous préférons l'opinion contraire qui est seule conforme au texte des
instituts. Justinien déclare trop expressément que
l'inventeur n'a droit au trésor qu'autant qu'il l'a découvert par le pur effet du hasard, pour que nous

---

1. *Vinnius*, sur le § 39, Inst. de Just.

puissions apporter à cette règle un tempérament, équitable peut-être, mais contraire aux textes.

La règle du partage par moitié entre le propriétaire et l'inventeur est applicable à l'hypothèse où le fonds appartient à César ou à des personnes morales telles que le fisc ou le peuple.

3° Enfin le trésor peut être trouvé par hasard sur un terrain sacré ou religieux, et comme tel n'appartenant à personne. Dans ce cas Adrien le laisse tout entier à l'inventeur; mais cette décision est contredite par un fragment de Callistrate : « Si in locis fiscalibus, vel publicis, religiosisve, aut in monumentis thesauri reperti fuerint : divi fratres constituerunt, ut dimidia pars ex his fisco vindicaretur.[1] » Devons-nous admettre que Marc-Aurèle et son frère Lucius Verus, *divi fratres*, ont effectivement modifié la constitution d'Adrien en attribuant au fisc la moitié du trésor découvert *in locis sacris et religiosis ?* On peut le soutenir, mais nous considérons comme très-acceptable une explication depuis longtemps proposée sur ce fragment de Callistrate.

Le jurisconsulte comme les empereurs qu'il cite aurait eu en vue le sol provincial qui n'est jamais à proprement parler religieux. Quoiqu'il en soit le texte des instituts montre que Justinien a voulu revenir à la règle d'Adrien.

Telle fut la législation sur les trésors à l'époque classique ; mais elle dut subir de nombreuses varia-

---

1. Loi 3, § 10, *de jure fisci*.

tions qui ne nous sont pas toutes connues. En l'an 380 après Jésus-Christ, Gratien et Valentinien donnent au propriétaire tout le trésor trouvé par lui sur son fonds. Que si par hasard on le trouve sur le terrain d'autrui, l'inventeur en aura les trois quarts, et le propriétaire un quart[1] ; dans tous les cas il faut que la découverte soit le fait du hasard, *non data ad hoc opera*. Si l'on a fait des fouilles sans la permission du maître on n'a droit à aucune portion du trésor[2].

Enfin il résulte de la novelle LI de l'empereur Léon qu'après Justinien on avait de nouveau attribué les trésors au fisc. Léon revient encore à la législation d'Adrien.

1. Loi 1 et 2 de *Thesauris*, au Code Théodosien.
2. Loi unique au Code de *Thesauris*.

CHAPITRE IV.

DE LA SPÉCIFICATION.

C'est encore par l'occupation, au moins dans l'opinion proculienne que l'ouvrier ou l'artiste devient propriétaire du vase et de la statue qu'il a fabriqués; c'est là le cas que les interprètes ont appelé *spécification*, mot barbare qui désigne le fait de celui qui a formé un objet nouveau avec la matière d'autrui.

Il faut donc supposer qu'une personne a fait *suo nomine* et avec la matière d'autrui une *nova species*. Il s'agit de savoir à qui doit appartenir *l'opus* nouvellement créé. Les deux grandes écoles de jurisconsultes s'étaient divisées sur ce point. Pour les Proculiens l'essence d'une chose réside dans la forme qui lui a été donnée plutôt que dans la matière, *forma dat esse rei;* l'objet primitif a véritablement cessé d'exister; on a créé une *nova species* pour employer l'expression consacrée par les Romains, on en devient propriétaire en qualité de créateur : l'objet fabriqué n'étant auparavant à personne, *quia quod factum est antea nullius fuerat.*

Ici apparaît sans contredit l'idée de l'occupation. La *nova species* a pris naissance entre les mains de l'ouvrier ou de l'artiste. Elle n'a jamais eu d'autre maître, bien que la matière ait appartenu à un autre qu'au fabricant. Cette matière a cessé d'exister par la transformation qui en a fait le nouvel objet, et celui-ci n'a jamais eu d'autre maître que celui qui l'a formé. Dans cette doctrine, la spécification peut être considérée comme une espèce particulière d'occupation.

Les Sabiniens, au contraire, trouvent dans la matière et non dans la forme l'élément constitutif et essentiel de la chose. Ils décident donc qu'une chose a beau être transformée par le travail d'un artiste, elle n'en subsiste pas moins dans son individualité, puisque sans la matière il eût été impossible de faire le nouvel objet, *quia sine materia nulla species effici possit*[1]. Ainsi, suivant les Sabiniens, dans l'hypothèse de la spécification, il n'y a pas acquisition nouvelle de la propriété, mais persistance du droit du propriétaire antérieur.

Si la matière première était grevée d'usufruit ou d'hypothèque entre les mains du propriétaire, les droits subsisteront-ils sur la *nova species*?

Si elle a été volée, le *vitium furti* persistera-t-il après la spécification?

Ces deux questions étaient résolues affirmative-

____

1. Loi 7, § 7, *de adquirendo rerum dominio*, **Digest.**

ment par les Sabiniens, négativement par les Proculiens.

Nous devons même aller plus loin et admettre que la divergence entre les deux écoles se manifestait par des conséquences pratiques, même quand la transformation de la chose était l'œuvre du propriétaire lui-même. Écoutez, en effet, les Sabiniens : « Si pocula quis legavit et massa facta est, vel contra, item si lana legetur, et vestimentum ex eâ fiat : Julianus lib. XXXII digestorum scripsit, legatum in omnibus suprascriptis consistere, et deberi quod exstat, quam sententiam puto veram; si modo non mutaverit testator voluntatem. Sed et si lancem legavit, et massam fecit, mox poculum, debebitur poculum, durante scilicet voluntate[1]. »

Ainsi le legs d'une matière quelconque ne périt point, d'après Julien, par la transformation de cette matière en une chose nouvelle.

Les Proculiens donnaient des décisions inverses, comme le prouve un texte du jurisconsulte Paul, qui applique à ces hypothèses la doctrine mixte qui a été consacrée dans les Instituts et dont nous parlerons tout à l'heure : « Lana legata, vestem, quæ ex ea facta sit, deberi non placet. Sed et materia legata, navis, armariumve ex ea factum, non vindicetur. Nave autem legata dissoluta, neque materia, neque navis debetur. Massa autem legata scyphi ex ea facti exigi possunt[2]. »

1. Loi 44, § 2 et 3, *de Legatis*, 1°. *Dig.*
2. Loi 88, *de Legatis*, 3°. *Dig.*

4

Il est même permis de conjecturer qu'en cas de création d'une *nova species*, les hypothèques grevant la matière première s'éteignaient dans la doctrine proculienne, même si la spécification était l'œuvre du propriétaire de la matière, tandis qu'elles devaient persister dans l'opinion des Sabiniens.

Entre les deux systèmes extrêmes surgit une doctrine intermédiaire, qui finit par prévaloir et parut dans les *Instituts* de Justinien. Quelques jurisconsultes, Paul entre autres, avaient proposé une distinction : « La matière peut-elle être ramenée à son premier état ? Elle n'a fait que changer de forme, *materia manet*. Le propriétaire peut la revendiquer en soutenant que c'est toujours sa chose. C'est donc à lui qu'appartient l'objet créé. Mais si la matière ne peut reprendre sa première forme, le propriétaire ne peut pas la revendiquer, car elle n'existe plus ; c'est au créateur qu'appartient le nouvel objet. « Est tamen etiam media sententia recte existimantium, si species ad materiam reverti possit, verius esse, quod et Sabinus et Cassus senserunt : si non possit reverti, verius esse, quod Nervæ et Proculo placuit [1]. »

Toutefois, en rapprochant la loi 7, paragraphe 7, dont nous venons d'extraire un passage, du paragraphe 79 du onzième commentaire de Gaius, on est tenté de douter que cette loi soit bien l'œuvre de Gaius. Quoi qu'il en soit, l'opinion qui distingue si

---

1. Loi 7, § 7, *de adquirendo rerum dominio*. — Loi 24 et 26, au même titre.

l'on peut ou non reconstituer l'identité des matériaux, nous semble plus conforme aux vrais principes du droit que les opinions trop absolues des
deux écoles sabinienne et proculienne.

Mais, quelque précise que soit la règle de
Justinien, elle n'est pas sans présenter des difficultés sérieuses dans l'application. Comment savoir dans bien des cas si la modification qu'on
a fait subir à telle chose en a fait une *species nova*,
en un mot, si la matière première a été transformée de manière à ne pouvoir reprendre sa forme
primitive[1]?

La loi 61 *De rerum divisione* distingue entre le
navire que j'ai réparé avec les matériaux d'autrui et
celui que j'ai entièrement construit avec des matériaux qui ne m'appartenaient pas. Je conserve la
propriété du premier comme propriétaire de la ca-
rène; le second au contraire devient la propriété de
celui à qui appartenaient les madriers et les planches. Cette distinction n'est admissible que dans
l'opinion sabinienne. Le navire construit même
en entier avec les matériaux d'autrui appartient au

---

1. D'après le § 25, Liv. II, t. I, des Instituts, l'opération de
battre le grain constituerait une spécification « *ex spicis fru-
mentum facere.* » Mais Gaïus dit expressément le contraire, « *qui
excussit spicas, non novam speciem facit, sed eam quæ est
detegit.* » Tout fait supposer que la mauvaise rédaction de ce
paragraphe des Instituts provient de la légèreté des compila-
teurs, qui l'ont incomplétement copié au *Digest.*; ils ont, en effet,
omis de reproduire la fin du texte, dans lequel Gaius rectifiait
ce que le commencement avait d'inexact.

constructeur, comme celui qui a été seulement réparé. C'est ce que Paul exprime fort élégamment :
« Sed si meis tabulis navem fecisses, tuam navem esse, quia cupressus non maneret, sicuti nec lana vestimento facto, sed cupresseum aut laneum corpus fieret[1]. »

Il faut faire la même observation sur la fin du paragraphe 3 de la loi 12 *ad exhibendum* : « Quia quod ex re nostra fit, nostrum esse verius est. » Cette proposition, fort exacte dans le système sabinien, est trop absolue dans le système intermédiaire, dont nous trouvons la consécration aux Instituts.

Mais il est inutile de relever toutes les inadvertances de ce genre échappées aux commissaires de Justinien.

Que décider si le spécificateur, au lieu de concourir à la formation du nouvel objet par son industrie seulement, fournit en outre une partie de la matière ? C'est une question fort controversée parmi les interprètes. Nous pensons qu'elle doit être résolue différemment suivant qu'on l'examine à l'époque classique ou dans le droit de Justinien.

A l'époque classique, la circonstance qu'une partie de la matière employée appartenait au spécificateur est parfaitement indifférente dans l'opinion proculienne ; mais elle prend une grande importance dans le système sabinien et dans le système mixte.

---

1. Loi 26, *Principium de adquirendo rerum dominio.*

Nous allons le démontrer par l'analyse de plusieurs textes.

La loi 5, paragraphe 1er, *De rei vindicatione*, suppose que le miel d'une personne et le vin d'une autre ont été mélés sans leur consentement. A qui appartient le *mulsum*? Suivant quelques jurisconsultes, dit Ulpien, si les choses ne peuvent plus être séparées, chaque maître perd la propriété de sa chose et acquiert en échange une part indivise du mélange devenu chose commune.

La loi 3, paragraphe 2, et la loi 2, *De rei vindicatione*, donnent la même décision dans le cas où l'argent de l'un est fondu avec l'argent de l'autre. Le lingot devient chose commune en proportion de la quantité du métal fourni par chacun d'eux. Les deux intéressés auront 1° La *rei vindicatione pro parte*, si le possesseur du lingot ne reconnaissait pas l'autre pour copropriétaire ; 2° l'action *communi dividundo* pour faire partager ou liciter la chose commune, si le droit de propriété par indivis n'est pas contesté.

C'est la doctrine sabinienne que consacrent ces propositions. La transformation subie par l'objet laisse subsister le droit de chaque propriétaire des matériaux.

Mais, dans la loi 5, paragraphe 1er, *De rei vindicatione*, précitée, Pomponius et, après lui, Ulpien font observer que les deux matières premières ont été dénaturées par leur mélange : « Sed puto verius, ut et ipse significat, ejus potius esse qui fecit, quo-

niam suam speciem pristinam non continet. » Il
n'y a plus ni vin, ni miel, il y a du *mulsum*. Le nouvel objet doit donc appartenir à celui qui l'a formé,
peu importe que ce soit le propriétaire de l'une des
choses primitives, ou un tiers. Pour que ce *mulsum*
devînt commun, il faudrait que le mélange ait eu
lieu par accident sans intention de faire du *mulsum*.
Nous trouvons ici la solution des Proculiens, ou au
moins la solution intermédiaire.

Dans le droit de Justinien, si l'on s'en rapporte à
la dernière partie du paragraphe 25 des Instituts,
livre II, titre Ier, celui qui a fait un objet nouveau,
partim ex sua materia, partim ex aliena, en devient
dans tous les cas propriétaire. Mais dans les trois
exemples qu'il cite, le mulsum, le collyre, le vêtement, la matière employée ne peut être ramenée à
son état primitif. Aussi, un grand nombre d'interprètes en ont conclu que, dans les cas inverses, la
propriété de l'objet nouveau continuait à appartenir
aux différents maîtres des matières premières.

Cette déduction est d'une logique incontestable, et
il nous paraît certain que telle devait être la solution
admise par la doctrine éclectique ; mais il ne nous
semble pas possible de restreindre arbitrairement
ainsi la portée du texte des Instituts.

Le texte est en effet formel : Quand le spécificateur a fourni, outre son industrie, une partie de la
matière, l'objet est à lui. Justinien ne reproduit plus
alors la distinction qu'il vient de faire entre le cas
ou la matière n'a fait que changer de forme et le cas

où elle a cessé d'exister. Sans doute dans les exemples choisis, la chose ne peut plus revenir à sa forme primitive, mais pourquoi en conclure qu'il restreint cette décision aux hypothèses analogues ; d'ailleurs, pour justifier sa solution, Justinien invoque un motif fort contestable sans doute, mais qui s'applique très-bien dans les cas même où la matière ne peut reprendre son état primitif : « dubitandum non est hoc casu eum esse dominum qui fecerit, *cum non solum operam suam dedit*, sed et partem ejusdem materiæ præstavit » [1].

La bonne ou la mauvaise foi de celui qui avait fait l'objet, était-elle indifférente quant à la question de propriété ? Ce point est également controversé. Repoussons d'abord toute assimilation entre le spécificateur de mauvaise foi et celui qui a bâti sciemment sur le sol d'autrui. Ce dernier, est censé avoir donné gratuitement son travail : mais il est facile de voir que dans ce cas, aucun objet nouveau n'a été fait ; aussi n'y a-t-il aucun doute quant à la propriété.

M. Ortolan [2], n'hésite pas à déclarer propriétaire, le spécificateur même de mauvaise foi : « on ne trouverait, dit-il, dans la loi de Justinien, aucun fragment qui pût résoudre positivement la question ; mais elle me paraît aujourd'hui hors de doute, d'après ce passage des commentaires de Gaïus. » D'autres jurisconsultes pensent au contraire, que la chose ap-

1. Inst. de Just., Liv. II, t. I, § 25.
2. M. Ortolan, *Explication historique des Instituts*.

partient à celui qui l'a faite, mais ils donnent au propriétaire de la matière, l'action de vol contre le spécificateur de mauvaise foi. Ainsi, le voleur lui-même, qui aurait fait du vin avec mes raisins, un vêtement avec ma laine, en deviendrait propriétaire, parce que la matière qui m'appartenait n'existe plus, et que le nouvel objet créé par le voleur, n'appartenait auparavant à personne « *quia quod factum est antea nullius fuerat.* »

Contre cette solution on a objecté notamment la décision contenue dans la loi 4, paragraphe 20 *de usurp. et usucap.*: « Si ex lana furtiva vestimentum feceris, verius est ut substantiam spectemus et ideo vestis furtiva erit[1]. Mais on n'a pas pris garde que ce texte est écrit dans la doctrine sabinienne et qu'en conséquence dans l'hypothèse qu'il suppose, la *species nova* ne serait pas plus acquise à un specificateur de bonne foi qu'à un spécificateur de mauvaise foi.

Terminons cette matière en disant quelques mots des actions en indemnité qui peuvent prendre naissance à la suite de la spécification. Dans la spécification, il y a toujours quelqu'un en perte, soit le propriétaire pour la matière, soit le spécificateur pour sa main d'œuvre. De là, une obligation à la charge de celui qui s'enrichit injustement. La *nova species* est-elle acquise au propriétaire de la matière, le spécificateur n'aura point d'action ; mais il paralysera

---

1. Loi 4, § 20, *de usurpationibus et usucapionibus. Dig.*

au moyen de l'exception de dol la revendication que le propriétaire pourrait diriger contre lui. Il conservera ainsi la chose jusqu'à ce qu'il ait été indemnisé, de ce qu'elle a gagné de valeur. Notons toutefois qu'il n'aura ce droit de rétention que s'il a agi de bonne foi. Est-ce l'ouvrier, au contraire, qui est devenu propriétaire de la *nova species*, l'indemnité due au propriétaire de la matière sera obtenue, soit au moyen d'une action *in factum* si la spécification a eu lieu de bonne foi, soit par l'action *ad exhibendum*, s'il y a eu mauvaise foi. Le spécificateur peut même être poursuivi comme voleur si son action réunit les caractères du vol.

CHAPITRE V.

DES EFFETS DE L'OCCUPATION.

L'occupation rend propriétaire ; mais donne-t-elle le *dominium ex jure quiritium ?* Remarquons que la même question s'élève à propos de la tradition. Il faut distinguer s'il s'agit de *res nec mancipi* ou de *res mancipi.*

§ 1. *De l'occupation appliquée aux res nec mancipi.*

Des auteurs ont pensé que l'*action réelle* du droit civil, *actio in rem civilis,* ne pouvait compéter à celui qui avait acquis un bien par un mode du droit des gens. Ils trouvent une contradiction entre avoir acquis *ex jure gentium* et ces mots *res est mea ex jure quiritium.*

Mais ce système, malgré la gravité des interprètes qui l'ont soutenu est inconciliable avec les textes. Paul en effet déclare positivement que la *rei vindicatio* compète à celui qui acquiert la propriété, au *dominus,* soit en vertu du droit des gens, soit en vertu du droit civil[1]. On prétend il est vrai que ce

1. Loi 23, *de rei vindicatione. Dig.*

texte a été altéré, sans en fournir toutefois la preuve.

D'ailleurs Ulpien ne met-il pas sur la même ligne l'acquisition d'une chose *mancipi* par la mancipation, d'une chose *nec mancipi* par la tradition, d'une chose de l'une ou de l'autre catégorie par l'*in jure cessio*, l'adjudication ou la loi[1]? Et Gaius ne parle-t-il pas en termes identiques de l'aliénation d'après le droit des gens et de l'aliénation d'après le droit civil[2]? Ajoutons à ces arguments de texte une remarque très-judicieuse faite par M. Pellat. Si les modes du droit des gens, l'occupation et la tradition ne donnaient pas immédiatement la propriété quiritaire, cette propriété quiritaire se trouverait nécessairement acquise plus tard au moyen de l'usucapion qui convertirait ainsi le *dominium ex jure gentium* d'une chose *nec mancipi* en *dominium ex jure quiritium*. L'usucapion serait donc utile à celui qui reçoit une chose *nec mancipi*, que la tradition émane *a domino* ou *a non domino*, et cependant c'est seulement pour les choses *mancipi* que les textes exigent l'usucapion afin qu'elles appartiennent *ex jure quiritium* à celui à qui elles ont été livrées par le propriétaire et qui jusque là ne les avait que *in bonis*[3].

Nos adversaires sont certainement partis d'une idée préconçue pour édifier leur système. Ils auraient

1. Ulpien, *Frag.*, § 2, 3, 7, 16, 17, t. XIX.
2. Gaius, *Com*. II, § 65.
3. Gaius, *Com*. II, § 41. — M. Pellat, *de la Propriété*, n° 34.

dû réfléchir qu'il n'est pas plus surprenant de voir la propriété civile acquise par un mode du droit des gens que de voir une obligation civile résultant d'un contrat *juris gentium* comme la vente, le louage, etc[1].

§ 2. *De l'occupation appliquée aux res mancipi.*

La simple tradition d'une *res mancipi* n'en transfère pas le *dominium ex jure quiritium ;* elle donne seulement l'*in bonis* à l'*accipiens* qui ne deviendra propriétaire d'après le droit civil que par l'usucapion[2].

Mais en était-il de même de l'occupation ? La question ne devait pas se présenter souvent ; on conçoit pourtant qu'elle ait pu être soulevée dans deux hypothèses distinctes.

1. D'autres auteurs ont soutenu une opinion plus radicale que celle que nous venons de combattre. Ils ont prétendu qu'une chose *nec mancipi* ne peut jamais appartenir à quelqu'un *ex jure quiritium*, et ils admettent pour ces choses une revendication du droit des gens. La formule aurait été ainsi conçue : « *si paret rem esse*, sans ajouter *ex jure quiritium.* » Ce système est encore moins soutenable que l'autre. Il est constant, en effet, que l'*in jure cessio* s'appliquait aux choses *nec mancipi*, comme aux choses *mancipi*. (Ulpien, frag. XIX, § 9.) Or les paroles solennelles de l'*in jure cessio*, qui étaient celles de l'ancienne action de la loi, sont toujours *hanc ego rem ex jure quiritium meam esse aio.* » D'ailleurs, il résulte manifestement des textes, qu'on peut avoir la propriété *quiritaire* d'une chose *nec mancipi*. Gaius, C. II, § 196. — Ulpien, frag. XXIV, § 7.

2. Gaius, C. II, § 41.

1° On s'est emparé à la chasse d'un cheval ou d'un bœuf sauvage.

2° On a enlevé à l'ennemi un cheval ou un esclave.

Dans ces circonstances acquiert-on immédiatement par l'occupation la propriété quiritaire de ces choses? La solution affirmative ne paraît pas douteuse a M. Pellat. Pour que l'occupant n'eût que *l'in bonis*, il faudrait, dit-il, qu'un autre conservât le *jus quiritium* en attendant l'usucapion. Serait-ce la nature qui retiendrait ce *jus quiritium* sur l'animal pris? Serait-ce l'animal lui-même qui resterait provisoirement libre *ex jure quiritium?* Il suffit de poser une semblable question pour la résoudre et s'il s'agit de choses prises sur l'ennemi peut-on supposer que les Romains aient reconnu un *hostis* comme *dominus ex jure quiritium*[1]?

On a pourtant élevé des doutes sur cette solution, mais elle nous paraît certaine surtout en présence d'un texte de Gaïus que nous avons déjà eu l'occasion de citer. Gaïus en effet nous présente l'*occupatio bellica* comme le mode d'acquérir par excellence[2]. M. Pellat n'a pas cité ce passage très-concluant pourtant en faveur de l'opinion qu'il soutient.

Nous ne reviendrons par sur les effets de la *derelictio*. Nous les avons déjà indiqués en traitant de cette matière.

---

1. M. Pellat, *De la propriété*, n° 24.
2. Gaius *Com.*, IV, § 16, *in fine*.

DE LA CHASSE
EN DROIT FRANÇAIS.

CHAPITRE I.

NOTIONS PRÉLIMINAIRES.

Sous ce titre, nous nous proposons de tracer en peu de mots l'histoire de la chasse considérée uniquement au point de vue juridique. Cela nous amènera tout naturellement à définir la chasse et à indiquer sur quoi repose et à qui appartient le droit de chasse.

SECTION I.

HISTORIQUE.

Dans l'antiquité la plus reculée, la chasse était une des principales occupations de l'homme. Indépendamment de l'attrait tout particulier qu'elle lui offrait, il y trouvait le moyen de se nourrir et de se vêtir, et souvent le besoin de sa défense personnelle lui en faisait une nécessité.

Chez les Grecs, aucune entrave ne fut mise à son libre exercice avant Solon. Ce sage législateur, frappé des habitudes d'oisiveté qu'elle développe, interdit la chasse d'une manière absolue.

À Rome, au contraire, le législateur s'occupe bien de la chasse, comme nous avons eu occasion de le voir en traitant de l'occupation dont la chasse n'est qu'une branche. Mais il ne le fait pas dans le but d'en restreindre le libre exercice. Il part de cette idée, encore exacte aujourd'hui, que le gibier est *res nullius;* en d'autres termes, qu'il n'appartient à personne. Celui qui s'en empare soit sur son fonds, soit sur le fonds d'autrui, en devient propriétaire. Dès lors, liberté pleine et entière de chasser partout, à la condition toutefois que le propriétaire du terrain n'y mette pas obstacle.

La législation chinoise pose, à ce qu'il paraît, une règle diamétralement opposée. Le gibier n'est pas *res nullius,* mais bien la propriété de celui sur le fonds duquel il vit. Ainsi chasser chez soi est parfaitement licite, et l'exercice de ce droit n'est subordonné à aucune condition. Mais chasser chez autrui, c'est voler et s'exposer, d'après la loi pénale du pays, à être coupé en morceaux comme voleur de grands chemins.

À l'origine de la monarchie franque, la liberté de

chasser était absolue. Mais déjà la loi salique renferme des peines sévères contre ceux qui s'empareraient du gibier élevé par un autre ou déroberaient les chiens et les oiseaux qu'un autre a nourris. Au sixième siècle, une restriction est mise au libre exercice du droit de chasse. La peine de mort est édictée contre quiconque se permettrait de chasser dans les forêts du roi. Le concile de Tours (813) interdit la chasse d'une manière absolue aux ecclésiastiques. D'où il est permis d'induire que, sauf cette exception, elle était alors encore permise à tout le monde.

Depuis les capitulaires de Charles-le-Chauve (840) jusqu'au règne de Charles V, nous trouvons une longue suite d'ordonnances[1], qui, toutes, défendent, sous les peines les plus sévères, la chasse dans les forêts ou garennes du roi et des seigneurs. Mais aucune n'interdit, soit aux nobles, soit aux roturiers, de chasser sur leurs propres terres.

Il faut attendre la fin du quatorzième siècle pour trouver une prohibition générale embrassant toute une classe de personnes.

« Que dorénavant aucune personne non noble de notre dit royaume, se il n'est à ce privilégié, ou se il n'a adveu ou expresse commission à ce de par personne qui la lui puist ou doit donner, ou s'il n'est personne d'église à qui toutes voies par raison de lignage ou autrement deuement se doie compel-

---

1. Capitulaires de 840. — Ordonnance de 1182 ; *id.* de 1219 ; *id.* de 1283.

ter, ou s'il n'est bourgeois vivant de ses possessions et rentes, ne se enhardisse de chassier ne tendre à bestes grosses ou menues ne à oyseaux, en garenne ne dehors, ne de avoir et tenir pour ce fait chiens, fuirons, cordes, laz, fillés ne autres harnois [1]; »

Donc, à l'exception des nobles, des clercs, des bourgeois et des autres personnes ayant obtenu le privilége de chasse, il est interdit à tout le monde de chasser. Le droit de chasse cesse ainsi peu à peu d'appartenir à tous pour devenir l'apanage exclusif de quelques classes privilégiées en attendant qu'il soit considéré comme un droit royal dont personne ne pourra jouir sans la permission du roi.

Au quatorzième siècle, la tendance du roi à se déclarer seigneur et maître de toutes les chasses du royaume commence à se manifester [2]. Ce sont d'abord quelques concessions du droit de chasse faites, moyennant finance, aux habitants du Beauvoisis [3], ou du Dauphiné [4]; puis sous Louis XII, une prohibition générale à toute personne qui n'est pas noble, de chasser sans une concession particulière [5]; enfin sous François Ier, la défense formelle à qui que ce soit de chasser s'il n'en a reçu le droit par lettres patentes du roi ou de ses prédécesseurs.

---

1. Ordonnance du 10 janv. 1306.
2. Lettres accordant le droit de chasse aux propriétaires des environs d'Angers, 1321.
3. Lettres de Charles VI, 1397.
4. Ordonnance du 11 juill. 1463.
5. Lettres patentes, oct. 1501.

« Art. Ier. Premièrement avons défendu et défendons à toutes gens de quelque estat, condition, ou qualité qu'ils soient, qu'ils n'ayent à chasser en nos forests, buissons et garennes, ny en icelles prendre bestes rousses, noires... à chien... ou autre engin, quel qu'il soit si n'est qu'ils ayent droit de chasse et en en faient apparoir par lettres patentes de nous ou de nos prédécesseurs, et qu'ils en ayent joui depuis dix ans ença ou ayant privilège ou permission de nous, par lettres authentiques, duquel ne voulons qu'ils jouissent, sinon quand ils y seront en personne [1]. »

Henri III affirme plus nettement encore le principe dans sa déclaration de 1584 dont voici les deux premiers articles :

« Art. 1er. Avons très-expressément inhibé et défendu, inhibons et défendons à tous nos sujets généralement quelconques, de quelque estat et condition qu'ils soient, de tirer ou faire tirer, en quelque sorte que ce soit, dans les forests, bois, buissons, taillis, garennes et autres lieux de cestuy nostre royaume, soit par leurs forestiers, n'y autres, aux bestes fauves, rousses et noires, et autre gibier fréquentant lesdites forests, qui leur sont défendus par les anciennes ordonnances des roys nos prédécesseurs et les nostres faites sur le faict des chasses, et réformation des eaux et forests. N'entendons toutes fois défendre l'honneste plaisir et exercice de nostre

---

1. Ordonnance de François Ier, du mois de mars 1516.

noblesse, ès cas, et ainsi qu'il lui est toléré et permis par nosdites ordonnances. »

« Art. 2. Et quant aux roturiers et non nobles, nous leur faisons défense, sur peine de la hart, de contrevenir à nos dites ordonnances, ni de s'entre-mettre du fait des chasses ou aucune sorte que ce soit, n'y moins porter harquebuzes, arbalestres, tenir furetes, ni autres engins quelconques, servans au faict desdites chasses [1]..... »

Aucun doute ne peut plus désormais s'élever : le roi seul a le droit de chasse et le délègue à qui bon lui semble. Par conséquent en dehors des personnes qui par tolérance ou par concession peuvent chasser, la chasse est interdite à tous [2].

Cette interdiction subsiste jusqu'à la révolution ; mais alors apparaît un principe nouveau. La chasse cesse d'appartenir exclusivement au roi pour deve-nir le droit de tout propriétaire.

« Le droit exclusif de la chasse et des garennes ouvertes est pareillement aboli, et tout propriétaire a le droit de détruire et faire détruire, seulement sur ses possessions, toute espèce de gibier, sauf à se con-former aux lois de police qui pourront être faites relativement à la sûreté publique [3]. »

La loi de police qui devait restreindre dans un but de sûreté publique la liberté pour tous de chas-

1. Déclaration sur le fait des chasses, 10 déc. 1581.
2. Édit général de Henri IV, 20 juill. 1601, art. 4, 5 et 8. — Ordonnance de Louis XIV, avril 1669, art. 14 et 15.
3. Décret du 4 août 1789, art. 3.

ser, ne se fit pas longtemps attendre. Elle est du 30 avril de l'année suivante. Son principe fondamental est celui des Romains. Le gibier n'appartient à personne, par conséquent ce n'est pas voler que de s'emparer de celui qui se trouve sur le fonds d'autrui. Mais comme il importait de protéger la propriété contre les envahissements des chasseurs, la loi ne permet de chasser sur le terrain d'autrui qu'avec le consentement du propriétaire. Sous cette condition, on peut faire la guerre au gibier sur le terrain d'autrui, comme sur le sien, par tous les moyens possibles. Quant au temps et aux lieux, la loi contient certaines restrictions. Il est interdit d'une manière absolue de chasser sur les terres non encore dépouillées de leurs fruits et même sur toutes les terres cultivées ou non, pendant une certaine période de l'année déterminée pour chaque département[1].

Un décret du 11 juillet 1810 chargea l'administration de l'enregistrement de fournir, moyennant le prix de trente francs, des permis de port d'armes de chasse. Ce décret disposait que ces permis ne seraient valables que pour un an. Mais comme il ne contenait aucune sanction on se vit dans la nécessité de rendre, le 4 mai 1812, un nouveau décret pour lui donner la force obligatoire dont il était dépourvu. A dater de ce jour l'exercice du droit de chasse fut subordonné à la condition du permis de port d'armes

---

1. Loi du 30 avril 1790.

de chasse, véritable impôt de trente francs par an mis à la charge du chasseur.

Toutes les dispositions législatives rendues entre le décret de 1812 et la loi de 1844 ne nous semblent renfermer aucune innovation digne d'être mentionnée.

La loi du 3 mai 1844, qui nous régit encore aujourd'hui, n'est comme sa devancière qu'une loi de police. Après avoir adopté la maxime romaine, elle détermine les conditions, de temps, de lieux, de procédé, d'âge, de situation juridique auxquelles est soumis l'exercice du droit de chasse. Chaque infraction aux règles qu'elle pose y trouve sa sanction. Les agents chargés de les constater et les personnes qui ont qualité pour en poursuivre la répression y sont clairement dénommés. Nous ne faisons qu'indiquer tous ces points qui recevront, dans la suite de cette étude, les explications qu'ils comportent.

SECTION II.

DÉFINITION DE LA CHASSE.

D'après le savant auteur du traité complet du droit de chasse : *la chasse est l'action de poursuivre le gibier*[1]. M. de Neyremand la définit : *la poursuite*

---

1. Petit, t. I, p. 7.

de tous les animaux qui vivent à l'état de liberté sur la terre ou dans les airs [1].

Au premier abord la seconde de ces définitions paraît être plus large que la première. Le mot gibier, en effet, ne s'entend généralement que des bêtes sauvages bonnes à manger (le mot gibier, dit Baudrillart, vient du latin *cibarium* qui signifie nourriture) et ne semble dès lors pouvoir comprendre tous les animaux, qui vivent à l'état de liberté.

Néanmoins, dans la suite de son ouvrage, l'auteur de la première définition nous fait voir clairement que par gibier, dans sa définition, il entend tout animal sauvage.

« Aussi bien, dit-il, que l'on ne doive considérer comme gibier que les oiseaux et quadrupèdes destinés à être mangés, il n'en faut pas moins tenir comme évident que ce n'est pas seulement la poursuite de ces animaux qui constitue un fait de chasse, mais bien la poursuite *de toutes les espèces diverses* qui ont pour objet la chasse » [2].

L'identité de ces deux définitions étant bien établie, nous allons parcourir rapidement quelques hypothèses dans lesquelles on pourrait être tenté de se demander s'il y a oui ou non fait de chasse.

Celui qui sans arme se promène dans la campagne en faisant quêter un chien d'arrêt accomplit-il

1. De Neyremand, p. 243.
2. Petit, t. I, p. 86.

par là même un acte de chasse ? Oui sans aucun doute ; le législateur n'ayant nulle part exigé qu'il y eût
chez le chasseur intention de capturer le gibier, et
dans les moyens employés par lui espoir plus ou moins
sérieux d'atteindre ce but[1].

Est-ce chasser que de tirer des hirondelles au-
dessus d'une rivière uniquement dans le but de
s'exercer et non de se les approprier? Oui encore;
la loi ne s'étant pas préoccupée de la question de savoir si celui qui donne la mort à un animal sauvage
le fait plutôt dans telle intention que dans telle autre.

Traverser la campagne avec un chien et un fusil
pourra, suivant les cas, constituer ou non un fait de
chasser. Les tribunaux devront se décider suivant
les circonstances, en tenant compte de tous les faits
et gestes du chasseur. Avoir retenu son chien près de
soi ou l'avoir laissé s'écarter, avoir désarmé son fusil, l'avoir tenu de telle ou telle façon, etc.; seront
autant d'indices qui éclaireront le juge[2].

C'est chasser que de parcourir la campagne sans
arme, dans le but de faire passer le gibier du terrain
d'autrui sur son propre terrain pour l'y chasser ensuite[3].

Nous pourrions multiplier ces exemples. Ceux

1. Cass., 17 fév. 1853. — D., 1853; V, 74. — Cont.-Douai,
28 déc. 1852. — D., 1852; II, 245. — Nancy, 7 déc. 1844. —
Gazette des Trib., du 30 janv. 1845.

2. Colmar, 18 nov. 1866. — Cass., 20 janv. 1829. — Sorel.,
20; I, 171.

3. Paris, 8 mars 1866. — De Neyremand, p. 213.

que nous venons de citer nous paraissent suffisants
pour bien faire connaître la portée de l'expression
chasse. Sous ce mot, le législateur a compris tout
acte ayant pour but *la recherche et la poursuite des
animaux sauvages*, sans se préoccuper d'ailleurs des
moyens employés et de l'intention qui aura fait
agir.

SECTION III.

DU DROIT DE CHASSE.

Il importe avant tout de bien distinguer le droit
à la propriété du gibier, du droit à le rechercher,
le poursuivre et le prendre. Ces deux droits qui
semblent tout d'abord se confondre, sont cependant
bien distincts dans notre doctrine actuelle, qui range
le gibier parmi les choses n'ayant pas de maître. Le
droit à la propriété du gibier appartient au premier
occupant, tandis que le droit de chasse appartient
comme accessoire au propriétaire du sol sur lequel
le gibier se trouve.

§ 1. DROIT AU GIBIER.

Le gibier, dans son état de liberté naturelle, n'appartient à personne, dit Justinien[1], et par conséquent devient la propriété du premier qui s'en em-

1. *Instituts*, Liv. II, t. I, p. 12.

pare. Telle est encore aujourd'hui la doctrine admise dans notre législation. Bien des attaques ont été dirigées contre elle. Voyons ce qu'elles ont de fondé et si réellement le gibier ne serait pas plutôt la propriété de celui sur le terrain duquel il se trouve.

Le gibier, disent les adversaires de notre doctrine, se nourrit aux dépens des propriétaires fonciers; ceux-ci ont donc plus de titres que personne à en être déclarés propriétaires. Sans doute l'animal change souvent de place et n'a rien qui puisse le faire reconnaître, de sorte qu'aucun droit de revendication ne pourra être exercé à son égard lorsqu'il se déplacera volontairement. Mais cela n'est pas un obstacle à l'existence du droit du propriétaire sur lui; tout ce qui peut en résulter c'est qu'en changeant de place, il change de maître. Que si on leur oppose que l'animal sauvage tant qu'il est en liberté ne peut être l'objet d'aucune prise de possession, ils répondent par l'article 713 du Code civil qui déclare l'État propriétaire des immeubles sans maître et des successions vacantes, sans exiger aucune prise de possession. Ce qui prouve que dans notre législation une prise de possession n'est nullement nécessaire pour fonder un droit de propriété. Enfin ils invoquent les articles 524 et 564 du Code civil qui semblent bien dire que les animaux sauvages, tant qu'ils sont en liberté sont des immeubles par accession et appartiennent par conséquent au propriétaire du sol sur lequel ils vivent.

Passant ensuite aux avantages pratiques de leurs systèmes, les novateurs ajoutent : L'agriculture y trouvera son profit; l'art. 1385 du Code civil permettant alors de forcer les propriétaires à réparer les dommages commis sur le fonds d'autrui par le gibier vivant sur le leur. En outre, le braconnage sera supprimé, la peine du vol étant applicable à quiconque se permettrait de tuer le gibier d'autrui. Enfin la loi sur la chasse deviendra inutile, le gibier étant suffisamment protégé par l'intérêt que chacun a à conserver sa propriété, c'est-à-dire, le gibier vivant sur ses terres.

A ces raisons, considérations et avantages, nous opposerons tout d'abord la tradition la plus constante[1]. La raison qui, de tout temps, a fait admettre que le gibier était *res nullius*, a pour base la réalité des faits qui s'opposent absolument à ce que le gibier, dans son état de liberté naturelle, puisse être l'objet d'une propriété particulière. Comment, en effet, concevoir un droit qu'on ne saurait exercer? Comment surtout supposer une propriété qui passe de main en main sans que celui qui la perd et celui qui l'acquiert s'en puisse douter? Si le gibier ne quittait jamais le fonds sur lequel il est né et se nourrit, on pourrait peut-être admettre qu'il doit

---

1. *Instit.*, Liv. II, t. I, § 12. — Bouteiller, *Somm. rural*, l. I, t. XXXVI, p. 250 de l'édition de Chavaridas, 1611. — Pothier, *Traité du domaine de propriété*, n° 24. — Leverrier de la Couterie, *l'École de la chasse aux chiens courants*, édit., de 1848, p. 218.

être considéré comme un accessoire de ce fonds. Mais telle n'est pas la réalité, et sans parler des oiseaux ou animaux nomades, il n'est pas de gibier tellement sédentaire qu'il ne passe souvent d'un fonds sur un autre. La propriété ne peut ainsi exister sans une assiette fixe. Elle ne peut se perdre et s'acquérir au gré du hasard ou d'une circonstance quelconque qui aura fait changer le gibier de place.

L'argument tiré de l'art. 713 du Code civil ne nous semble avoir aucune force. Cet article dispose pour un cas qui n'a aucune analogie avec celui qui nous occupe. Si le législateur a attribué à l'État, avant même toute prise de possession, la propriété des biens qui n'ont pas de maître, c'est pour éviter de laisser des intérêts en souffrance, l'État n'acquérant ainsi que des immeubles ou des successions laissées par des personnes mortes sans héritier. Quelle analogie tirer de ce cas où la prise de possession sera exercée par l'État dès qu'il lui plaira, et celui qui nous occupe où le gibier ne pourra réellement être possédé qu'après avoir cessé de s'appartenir à lui-même ? D'ailleurs, dans l'hypothèse de l'art. 713, si l'État ne possède pas encore lui-même, d'autres possèdent le plus souvent pour lui. Tandis que dans le cas de gibier personne assurément ne peut le posséder pour le compte d'autrui.

Les art. 524 et 564 ne fournissent pas un argument plus concluant. Le législateur a voulu exprimer cette idée que le gibier qui se trouve sur un immeuble doit toujours suivre cet immeuble, c'est-à-dire qu'il ne peut être saisi comme meuble, séparément du fonds, qu'il ne peut appartenir au légataire des meubles tandis que l'immeuble serait attribué au légataire des immeubles. Il faut convenir que les rédacteurs du Code s'y sont pris d'une bien mauvaise façon pour exprimer cette idée qui découlait tout naturellement du principe admis par eux que le gibier est *res nullius*. Ce vice de rédaction s'explique historiquement, la disposition de ces articles a été empruntée presque textuellement à nos anciennes coutumes et à nos anciens auteurs. Toutefois, il est bon de remarquer que ceux-ci avaient eu soin de dire que s'ils réputaient les animaux sauvages *immeubles par accession*, cela ne signifiait pas qu'ils pussent être par eux-mêmes *per se* l'objet d'un droit de propriété.

« Le propriétaire d'une garenne de lapins, dit Pothier[1], est seulement propriétaire d'une garenne peuplée de lapins, plutôt qu'il ne l'est des lapins. » Les rédacteurs du Code n'ont pas pris la même précaution quoique leur pensée fût la même.

Quant aux avantages qui pourraient résulter du renversement de notre vieille doctrine, ils nous paraissent plus que douteux.

L'agriculture trouverait-elle dans l'article 1385 du Code civil une protection beaucoup plus efficace que dans l'article 1383 du même code? Nous ne le saurions croire. L'appréciation des dommages-intérêts n'est-elle pas la même, dans les deux cas? et

1. Pothier, *De la Comm.*, n° 41.

s'il y a une différence au point de vue de la responsabilité, toujours encourue en vertu de l'article 1385,
subordonnée au contraire à certaines conditions aux
termes de l'article 1383, les propriétaires de bois
garnis de lapins ne sont-ils pas là pour témoigner
de la facilité avec laquelle les tribunaux mettent sur
le compte de leur négligence ou de leur imprudence
la trop grande multiplication du gibier[1].

Le braconnage, ajoute-t-on, serait par là même
détruit. Car celui qui prendrait le gibier d'autrui,
commettrait un vol et serait puni en conséquence.
La crainte d'un aussi grave châtiment arrêterait le
braconnier. Cela se résume à dire que les pénalités
édictées contre le braconnage sont insuffisantes.
Augmentez-les et le but sera atteint. Mais gardez-
vous bien d'assimiler la chasse sur le terrain d'autrui au vol. Par là vous flétririez du casier judiciaire une foule de personnes très-honorables qui
pour avoir mis le pied par ignorance sur une propriété où elles n'avaient pas le droit de chasser se
trouveraient à jamais assimilées au voleur de grand
chemin.

Enfin, une loi spéciale sur la chasse cesserait
d'être nécessaire ; chacun étant propriétaire du gibier
vivant sur son fonds aurait par là même trop d'intérêt à le conserver pour qu'il fût nécessaire d'interdire la chasse pendant une partie de l'année, ou à

1. Cass., 10 avril 1814. — Cass., 14 nov. 1816. — Cass.,
31 déc. 1824. — Cass., 23 nov. 1844.

l'aide de tels et tels engins. La liberté la plus absolue remplacerait le système actuel qui a le grave inconvénient de restreindre arbitrairement et sans nécessité le libre exercice du droit de propriété.

Il faut avouer que ce dernier avantage suffirait à lui seul s'il était réel pour renverser l'ancienne doctrine. Tout ce qui a pour objet d'élargir l'exercice du droit de propriété doit être pris en grande considération par le législateur. Mais malheureusement croire qu'il suffirait de dire à chacun : « vous êtes propriétaire du gibier qui se trouve sur votre fonds » pour qu'immédiatement il le conserve comme un avare son trésor, c'est tomber dans une étrange erreur. Les grands propriétaires qui sont déjà très-jaloux de leur chasse, le seraient-ils davantage? il est fort permis d'en douter. Mais ce qui est certain, c'est que les petits propriétaires qui constituent la grande masse n'en tiendraient ni plus ni moins au gibier qui, ne pouvant vivre exclusivement sur leur fonds à cause de son éxiguïté, ne fait le plus souvent qu'y passer. Ainsi sous le faux prétexte d'une protection chimérique, le gibier, privé de celle qu'il trouve aujourd'hui dans la loi, ne tarderait pas à disparaître.

Nous venons d'établir que le gibier dans son état de liberté naturelle n'appartient à personne. Il nous reste à rechercher par quel moyen et à quel moment le chasseur en devient propriétaire.

On se souvient du dissentiment qui existait à cet égard entre les jurisconsultes romains. Il nous suffit de renvoyer sur ce point à ce que nous avons dit en traitant de l'occupation. Nous nous bornons à rappeler que l'avis qui prévalut fut celui qui n'attribuait au chasseur la propriété du gibier que lorsqu'il s'en était rendu maître. « Alii non aliter putaverunt tuam esse, quam si eam reperis ». La raison de cette sévérité nous est donnée par Justinien lui-même : « Quia multa accidere possunt ut eam non capias »[1].

Dans notre ancien droit aucune des ordonnances qui réglementaient le droit de chasse ne s'occupant de cette question, on en concluait qu'il fallait appliquer purement et simplement les règles sur l'occupation[2]. Il doit encore en être de même aujourd'hui, dans le silence de la loi de 1844.

Si nous ouvrons le Code civil, pour y chercher ces règles qui seules peuvent nous guider, nous serons frappés de voir qu'il n'en est nullement question aux articles 911 et suivants, qui énumèrent les modes d'acquisition de la propriété.

Dirons-nous qu'en vertu de l'article 713, qui donne à l'État la propriété des biens qui n'ont pas de maître, il n'y a plus en France de chose n'appartenant à personne, partant plus d'occupation, puisque ce mode d'acquisition ne peut s'appliquer qu'à ces sortes de choses? Ce serait donner de la loi une interprétation inexacte : les biens sans *maître* dont il est parlé dans l'article 713 ne doivent s'entendre,

---

1. Justinien, *Inst.*, l. II, t. I, *De divisione rerum*, § 57.
2. Villequez, *Droit du chasseur sur le gibier*, p. 57.

comme nous l'avons déjà dit, que des biens *vacants* dont il est déjà question dans l'article 739, ce qui ne comprend guère aujourd'hui que les biens des personnes qui décèdent sans héritier.

Si le droit d'occupation n'est pas l'objet d'une disposition spéciale de la part des rédacteurs du Code, il est au moins maintenu implicitement dans les articles qui suivent et qui tous en supposent l'existence; l'article 715 reconnaît la faculté de chasser et de pêcher. Elle est, dit cet article, réglée par des lois particulières. Est-ce le mode d'acquisition du gibier, l'occupation, qui est réglé par des lois particulières? Non, mais uniquement l'exercice du droit d'occupation, puisqu'il s'agit de la *faculté* de chasser.

Pourquoi donc les rédacteurs du Code civil n'ont-ils pas parlé de l'occupation en détail, comme ils l'ont fait pour les autres modes d'acquisition de la propriété? Pour deux raisons : la première historique, assez mauvaise ; la seconde, qui se comprend très-bien à cause de la simplicité de ce mode d'acquérir.

Dans le projet primitif, les rédacteurs du Code, après avoir énuméré les modes d'acquérir que nous retrouvons dans l'article 711, avaient, dans l'article suivant, inséré une disposition ainsi conçue : « La loi civile ne reconnaît point le droit de simple occupation. Les biens qui n'ont jamais eu de maître et ceux qui sont vacants comme abandonnés par leur propriétaire appartiennent à la nation ; nul ne peut les acquérir que par une possession suffisante p... .' opérer la prescription » [1]. Est-ce à dire que les rédacteurs supprimaient le droit d'occupation sur le gibier, le poisson, etc.? Pas le moins du monde, puisqu'ils ajoutaient immédiatement que la faculté de chasser ou de pêcher était réglée par des lois particulières. Cette prohibition de l'occupation, dans leur pensée et d'après la rédaction même de l'article, ne s'appliquait qu'aux choses inanimées d'abord, et particulièrement aux immeubles, puisqu'il était question de la prescription dont on ne comprend guère l'application au gibier et au poisson. Il y avait même beaucoup de choses inanimées auxquelles l'occupation devait nécessairement s'appliquer. Aussi un grand nombre de tribunaux d'appel demandèrent-ils dans leurs observations la suppression de cette première partie de l'article, qui était en désaccord complet avec la dernière, puisque le droit d'occupation sur le gibier et le poisson y était implicitement reconnu, ainsi que sur le trésor, les effets rejetés par la mer, etc.

Sur les observations des tribunaux, l'occupation fut donc reconnue comme mode d'acquérir, et la rédaction primitive disparut pour faire place au texte actuel de l'article 713.

Voilà la première raison pour laquelle nous ne voyons pas l'occupation faire l'objet d'un article

---

1. Projet de *Code civil* présenté le 24 thermidor an VIII, liv. III, art. 2.

spécial. La seconde c'est que ce mode d'acquérir est si naturel et s'accomplit si simplement
en mettant la main sur la chose dont on veut
s'emparer, en en prenant possession, qu'il ne deman-
dait aucune explication de détail : on s'en réfère à
l'usage constant; ce mode sera pratiqué, tel qu'il
l'a toujours été, conformément au droit naturel.

Après avoir rappelé ces principes, demandons-nous
quels sont les caractères distinctifs de l'occupation,
en d'autres termes quelles sont les conditions auxquelles est subordonnée l'acquisition du droit de propriété du chasseur sur le gibier. Il est d'abord un
cas qui ne saurait soulever aucun doute. L'animal
sauvage devient la propriété du chasseur dès le moment où il tombe entre ses mains. Peu importe qu'il
ait été pris mort ou vivant, sur le terrain de celui
qui s'en est emparé ou sur le terrain d'autrui [1], dès
l'instant où l'animal a cessé de s'appartenir à lui-
même, il est devenu la propriété du chasseur. Telle
est, en effet, la notion la plus élémentaire de l'occupation, qui n'est autre chose que le mode d'acquérir
ce qui jusqu'alors n'appartenait à personne.

Mais la difficulté apparaît, si nous ne supposons
plus l'animal au pouvoir du chasseur, mais seulement blessé par lui et fuyant toujours, ou fatigué par une longue chasse mais pas assez pour

1. Demolombe, t. XIII, n° 23. — *Prohibitio illa*, disait Vinnius en parlant de la défense du propriétaire, *conditionem ani-
malis mutare non potest.*

être pris, ou enfin seulement découvert par le chasseur et jouissant encore de toutes ses facultés po ur échapper àla poursuite.

Ce dernier cas peut être de suite écarté : il est incontestable que le fait, par un chasseur, d'avoir découvert et commencé à poursuivre un animal sauvage, ne peut créer en sa faveur un droit de propriété, l'animal n'a pas encore cessé de s'appartenir à lui-même ; dès lors, il ne peut être possédé par un autre, condition indispensable à toute occupation. Nous aurons à nous demander bientôt si au moins le chasseur n'acquiert pas par là un droit quelconque, opposable aux tiers. Examinons auparavant le cas de blessure et de fatigue.

Un animal est depuis longtemps poursuivi par des chiens, la fatigue commence à paralyser ses membres. Il fuit encore cependant. Ou bien il a reçu une blessure qui, sans l'arrêter, ralentit considérablement sa course. Peut-on dire que dès à présent, il appartient au chasseur, ou bien faut-il nécessairement attendre qu'il tombe entre ses mains ?

Rigoureusement, il faudrait décider que tant que le chasseur ne s'est pas emparé de l'animal, cet animal ne lui appartient pas. Nous avons vu les Romains après bien des hésitations, il est vrai, adopter cet avis. A ne consulter que les principes, nous devrions l'adopter nous-mêmes, le fondement de l'occupation étant l'appréhension avec intention de devenir propriétaire de ce qui, jusqu'alors, n'appartenait à personne. Néanmoins nos anciens auteurs tranchent la question, par une distinction qui est encore admise aujourd'hui, et à juste titre, d'après nous. Le gibier est-il tellement fatigué, ou si grièvement blessé qu'il ne puisse plus échapper au chasseur, il lui appartient dès à présent. La blessure, au contraire, ou la fatigue sont-elles seulement de nature à rendre la capture plus ou moins probable, mais non certaine, le chasseur ne sera propriétaire du gibier qu'après l'avoir pris.

Tout se réduit, en définitive, à une question de fait que les tribunaux auront à apprécier.

« Pour qu'un chasseur, dit Pothier, soit censé s'être emparé de l'animal et en avoir acquis le domaine, il n'est pas nécessaire qu'il ait mis la main dessus ; mais de quelque façon que ce soit que l'animal ait été en son pouvoir de manière à ne pouvoir s'échapper[1]. »

Proudhon dit, de son côté : « Pour que la propriété de l'animal soit acquise par le fait de la chasse, il faut qu'il soit tellement blessé qu'il ne puisse plus échapper, puisque c'est par droit d'occupation réelle que se fait cette espèce d'acquisition[2]. »

Cette distinction est admise par la doctrine[3] et la jurisprudence[4] modernes.

Mais, pourra-t-on dire, quel intérêt peut-il y avoir à décider que le chasseur est devenu propriétaire au

1. Pothier, *De la propriété*, n° 25.
2. Proudhon, *Du domaine privé*, t. I, p. 421, n° 284.
3. Demolombe, t. XIII, n° 25. — Touillier, t. IV, n° 20.
4. Cass., 23 juill. 1839. — Cass., 29 avril 1862.

moment où l'animal a été blessé, ou seulement quand il est tombé sous la dent de ses chiens? De deux choses l'une, ou il a renoncé à poursuivre l'animal qu'il avait blessé, et alors il n'en est jamais devenu propriétaire; ou bien il s'en est emparé, et alors, à quoi bon faire partir son droit de propriété du moment de la blessure plutôt que de celui de la prise de l'animal?

Si personne ne lui dispute la propriété de l'animal, la question sera sans intérêt. Mais on voit immédiatement l'intérêt qu'elle présente dans le cas contraire.

Cet intérêt n'avait point échappé à nos anciens auteurs. « Il me semble, dit Puffendorf, qu'on peut établir pour règle générale, que si l'on a blessé mortellement ou considérablement harassé une bête, personne n'a rien à y prétendre tant qu'on est après à la poursuivre.... Mais si la plaie n'est pas mortelle, et que la bête n'en fuie guère moins bien, cette bête demeure au premier occupant[1]. »

Ce point bien établi, et il nous paraît être incontestable, voyons si un commencement de poursuites ne constitue pas en faveur du chasseur un droit opposable aux tiers. Ce n'est pas, comme nous avons d'ailleurs pris soin de le faire remarquer, une question de chasse, mais une question de possession et de propriété réglée par conséquent par le Code civil et complétement en dehors de la loi de 1844.

---

[1]. Puffendorf, *Le droit de la nature et des gens*, traduit par Barbeyrac, l. IV, ch. vi, § 10.

D'après ce que nous avons déjà dit et les auteurs que nous avons cités, il est facile de voir que l'opinion prédominante, en jurisprudence comme en doctrine, consiste à ne reconnaître au chasseur un droit opposable aux tiers que dans le cas où l'animal poursuivi par lui est mis hors d'état de lui échapper. Dès lors rien ne s'oppose, en dehors de cette dernière hypothèse, à ce que quelqu'un s'empare d'un animal poursuivi par les chiens d'un autre. Le procédé ne sera pas délicat, disent à l'envi les commentateurs et les arrêts, mais il sera à l'abri de toute poursuite[1].

Tel n'est pas cependant l'avis de M. Villequez, qui a consacré tout un livre à l'examen de cette question. Le savant professeur, après avoir clairement démontré la différence qui existe entre le droit de chasse, dont l'exercice est réglé par la loi de 1844, et le droit du chasseur sur le gibier, qui appartient exclusivement au droit civil, cherche à établir, qu'en raison d'abord, il ne doit pas être permis de s'emparer du gibier chassé par un autre. Ce serait, dit-il, permettre à quelqu'un de profiter du fruit des efforts d'autrui. Passant ensuite à l'examen de la question, en droit, il dit : le mode originaire d'acquisition de la propriété qu'on nomme occupation, prend sa source dans la prise de possession ; fait unique, la main mise, s'il s'agit d'un

1. Duranton, t. IV, n° 278. — Toullier, t. IV, n° 7. — Demolombe, *Des successions*, t. I, n° 128. — Aubry et Rau, t. II § 201. — Cass., 20 avril 1862.

objet inanimé ; fait multiple et complexe, s'il s'agit d'un être vivant qu'il faut découvrir, poursuivre et prendre. Dès le premier acte, dont la succession doit mener à la propriété par l'appréhension, il y a commencement de possession et dès lors, droit acquis et opposable aux tiers.

Tout en reconnaissant que le système contraire, admis par la généralité des auteurs et des arrêts, doit être préféré à celui-ci, nous ne pouvons nous empêcher de reconnaître, qu'il fait bien penser quelque peu au singe et au chat de la Fontaine[1]. Souvent, en effet, celui qui aura, non pas tiré les marrons du feu, mais découvert et poursuivi le gibier, verra un tiers profiter de ses efforts, sans qu'il lui soit possible de s'y opposer.

Cette conséquence, nous l'avouons, est regrettable, mais elle ne peut à elle seule faire rejeter un système qui a été, quoiqu'en dise M. Villequez, celui qui a fini par prévaloir en droit romain, comme il prévaut encore aujourd'hui. Justinien, après s'être demandé, si l'animal blessé appartient au chasseur, dès lors et tant qu'il continue à être

---

1. *Fables de La Fontaine*, liv. IX, fab. XV, vers 10 et suivants :

> Aussitôt fait que dit : Raton avec sa patte,
>> D'une manière délicate,
> Ecarte un peu la cendre, et retire les doigts ;
>> Puis les reporte à plusieurs fois :
> Tire un marron, puis deux, et puis trois en escroque ;
>> Et cependant Bertrand les croque.

poursuivi, ou seulement à partir du moment où il a été pris, dit : « alii non aliter putaverunt tuam esse, quam si eam ceperes.

« Sed posteriorem sententiam nos confirmamus, quia multa accidere possunt ut eam non capias. »

Si nous passons du droit romain à notre ancien droit français, nous trouvons, il est vrai, notre question généralement tranchée en faveur du chasseur qui a lancé la bête. Mais il ne faut pas oublier qu'alors le droit de suite était reconnu, tandis qu'il ne l'est pas aujourd'hui, comme nous ne tarderons pas à le voir. Dès lors, un droit devait appartenir au chasseur, sur le gibier, tant qu'il le poursuivait, comme corollaire indispensable du droit de uite qui lui était reconnu.

Aujourd'hui, au contraire, que le droit de suite n'existe plus, il faut s'en référer purement et simplement aux règles de l'occupation. Or, nous l'avons dit, ce mode d'acquisition de la propriété exige la possession réelle, la possession qui met la chose ou l'animal (*res nullius*) au pouvoir de celui qui s'en est emparé, de telle sorte qu'il puisse en user comme bon lui semble. Jusque-là il ne possède pas, il travaille à acquérir la possession, et de même qu'un cas fortuit peut lui enlever le fruit de ses efforts, de même le fait d'un tiers peut l'empêcher d'arriver à la possession.

L'animal, en effet, qui fuit devant les chiens, peut être menacé de perdre sa liberté, mais il la possède encore tout entière, et sans aller chercher le cas peu probable prévu par Théophile[1], ou préférant se donner lui-même la mort plutôt que de perdre avec la vie la liberté, il se précipiterait dans des lieux inaccessibles, où le chasseur ne pourrait aller le chercher, n'a-t-il pas son instinct pour déjouer les ruses du chasseur et ne peut-il pas surgir maintes circonstances qui lui permettent d'échapper à sa poursuite? Il n'est donc pas encore possédé; on ne peut même dire qu'il y ait dès lors commencement de possession, car l'animal peut aussi bien échapper au chasseur qu'être pris par lui. Ainsi soutenir, comme le fait M. Villequez, que l'animal est possédé par le chasseur au moyen de ses chiens, c'est abuser des mots et attacher à un fait dont on ne peut prévoir les conséquences, une importance qu'il ne saurait avoir.

Ainsi résolue, la question nous amène aux solutions suivantes :

Celui qui aura tué le gibier que le chien d'un autre tiendrait en arrêt ne pourra être poursuivi en vertu du droit civil; il ne le pourra pas davantage en vertu de la loi de 1844, s'il n'a violé aucune des prescriptions édictées par cette loi.

Celui qui aura tué, sur son terrain ou sur tout autre où il avait le droit de chasser, la bête suivie par les chiens d'autrui, ne pourra être poursuivi ni en vertu du droit civil, ni en vertu de la loi spéciale sur la chasse.

1. M. Villequez, *Du droit du chasseur sur le gibier*, p. 137.

Celui qui aura tué, sur le terrain d'autrui où il n'avait pas le droit de chasser, la bête suivie par les chiens du propriétaire de ce terrain, ne pourra être poursuivi en vertu du droit civil, mais tombera sous le coup des articles 1, § 2 et 9 § 1 de la loi de 1844.

Tout en reconnaissant l'exactitude de ces solutions, nous ne pouvons nous empêcher de les regretter, dans un cas surtout, celui où, de deux personnes ayant également le droit de chasser sur le même fonds, l'une s'emparerait du gibier arrêté ou poursuivi par le chien de l'autre.

§ 2. *Droit à rechercher, poursuivre et prendre le gibier.*

Pas plus que le droit au gibier, le droit de chasse proprement dit, c'est-à-dire le droit de rechercher, poursuivre et prendre le gibier ne découle de la loi de 1844. Cette loi a pour unique objet de réglementer l'exercice du droit de chasse et non d'établir le droit lui-même. Il nous faut donc encore ici recourir au droit civil pour savoir à qui appartient le droit de chasse, comme nous l'avons déjà fait dans le paragraphe précédent pour savoir à quel moment le chasseur devient propriétaire du gibier.

L'idée la plus élémentaire consiste à envisager la présence du gibier, sur un fonds, comme une qualité de ce fonds. C'est ainsi que dans le langage usuel on dit tel fonds est giboyeux, voulant indiquer par là non pas que le gibier est l'accessoire du fonds, en ce sens qu'il appartienne comme tel au propriétaire du principal, mais bien plutôt qu'il procure, par sa présence seule, un avantage au fonds qui a le privilége de l'attirer et de le retenir.

S'il en est ainsi, le droit de tirer avantage de cette qualité du fonds constitue, à proprement parler, le droit de chasse et doit appartenir au propriétaire du fonds conformément à la définition qui nous est donnée de la propriété par le Code civil lui-même.

Art. 544. « La propriété est le droit de jouir et disposer des choses de la manière la plus absolue, pourvu qu'on n'en fasse pas un usage prohibé par les lois ou par les réglements. »

En accordant au propriétaire le droit de jouir de sa chose *de la manière la plus absolue*, tout en respectant les prohibitions édictées par les lois et réglements, le législateur a clairement manifesté sa volonté de permettre au propriétaire de tirer avantage non-seulement de sa chose elle-même, mais encore de toutes les qualités de cette chose, de la chasse par conséquent. Aucun doute ne peut s'élever à ce propos. Il est également certain qu'en lui permettant *d'en disposer*, il l'autorise, par là même, à donner, louer ou vendre les qualités de sa chose aussi bien que la chose elle-même.

Le droit de chasse appartient donc incontestablement au propriétaire ; nous examinerons bientôt quand et comment il peut le céder, mais auparavant nous devons rechercher qui en a l'exercice dans le cas où il a affermé ses terres, et quand il n'est pas plein propriétaire.

Il existe trois opinions différentes sur la question de savoir à qui du propriétaire ou du fermier appartient l'exercice du droit de chasse. Les uns l'accordent uniquement au fermier[1], d'autres en commun au fermier et au propriétaire[2], d'autres enfin au propriétaire seul[3] ; il va sans dire que cette question ne peut s'élever que dans le cas où le bail est muet. S'il renferme une clause attribuant l'exercice du droit de chasse au fermier ou le réservant au propriétaire, il ne saurait y avoir de difficulté.

Proudhon l'un des partisans du premier système établit la distinction suivante : « Sur cette question, dit-il, qui nous paraît présenter beaucoup de difficultés, nous croyons qu'il faut faire une distinction entre le cas où les terres comprises dans le bail à ferme consisteraient en bois, buissons ou terres vagues, et celui où il aurait été établi sur des fonds en culture.

« Dans le premier cas, nous croyons que le fermier

1. Duvergier, *Traité du louage*, t. I, n° 73, et 4ᵉ cahier, 1844, t. I, n° 73. — Dupin (jeune), *Journal des conseils municipaux*, t. II, p. 4. — Proudhon. *Traité du domaine*, t. I, n° 382.

2. Duranton, t. IV, p. 240, n° 286.

3. Cass., 4 juill. 1845. — Grenoble, 19 mars 1846. — Cass., 5 avril 1864.

ne pourrait invoquer le droit de chasse pour lui, attendu que ce droit n'aurait rien de commun, ni avec les fruits du fonds baillé à ferme, ni avec la garantie de la perception.

« Dans le second cas, au contraire, nous estimons qu'on ne devrait pas refuser le droit de chasse au fermier, parce qu'en le lui refusant, on le priverait d'une de ses garanties sur la perception des fruits de la terre amodiée, lesquels fruits pourront être dévastés ou endommagés soit par le gibier, soit même par des chasses intempestivement exercées par le propriétaire. »

M. Duvergier, au contraire, ne fait aucune distinction. Pour lui, le fermier doit avoir toujours l'exercice du droit de chasse, car le gibier constitue sinon un fruit du fonds au moins un produit, un avantage dont il doit jouir, comme de tous les autres, en vertu de son bail. C'est un souvenir des anciens privilèges, ajoute-t-il, qui entraîne à leur insu certains auteurs à réserver la chasse au propriétaire.

Nous ne nous arrêterons pas à exposer le système de M. Duranton qui accorde le droit de chasse au fermier sans en priver le propriétaire. Les conséquences de ce système suffiraient pour prouver à elles seule son inadmissibilité. En effet si le propriétaire et le fermier avaient simultanément le droit de chasse, tous deux pourraient non-seulement l'exercer, mais encore le faire exercer. Il y a plus, tous deux pourraient également le céder et le louer à un nombre de personnes plus ou moins grand et voilà que ce droit de deux individus deviendrait bientôt, par la volonté de l'un d'eux, le droit de tous. Ce n'est pas tout, si quelqu'un chasse sur la propriété sans en avoir préalablement obtenu la permission soit du propriétaire, soit du fermier, quel est celui qui aura l'action en justice? qui aura droit à l'indemnité? Tous deux, dira-t-on; mais s'ils poursuivent tous deux il y aura donc deux indemnités? La loi n'en accorde qu'une. Autre embarras: Que le propriétaire veuille poursuivre et que le fermier ne le veuille pas, qui l'emportera? Il faudra donc une double permission pour pouvoir chasser sur le terrain affermé et alors le droit de l'un est enchaîné par la volonté de l'autre; ou bien, si une seule permission suffit, un seul pourra disposer du droit de chasse et le droit de celui qui voudra se réserver l'exercice de la chasse se trouvera sacrifié au profit de celui qui voudra l'abandonner à tous. Quelle confusion! Quelle source de difficultés et d'impossibilités !

Enfin la jurisprudence accorde sans hésiter le droit de chasse au propriétaire et le refuse absolument au fermier[1]. Voici le résumé de sa doctrine, telle que nous la trouvons dans le dernier arrêt rendu sur ce point, à notre connaissance, par la cour de cassation :

« Sur le moyen tiré de ce que le droit de chasser dans les marais affermés aurait été à tort attribué au propriétaire du sol au détriment du fermier : —

---

1. Cass., 4 juill. 1845. — Grenoble, 19 mars 1846.

Attendu que le droit de chasse forme un attribut de la propriété, d'un caractère particulier, qui, à raison de sa nature et de son objet, demeure réservé au propriétaire du terrain dans le silence du bail ; que le gibier n'est point en effet un fruit de la terre, et que le droit de le chasser n'est transféré au fermier que quand cette concession résulte des stipulations du bail ou des circonstances spéciales de fait équivalentes. — Qu'en le jugeant ainsi, et en déclarant que les clauses du bail ne faisaient que confirmer la réserve de la chasse au profit du propriétaire des terrains affermés, l'arret dénoncé n'a fait qu'une juste application des principes de la matière ; Rejette[1]. »

Si des interprètes et des arrêts nous passons à la discussion de la loi, il devient évident que c'est aux principes généraux sur le louage et non à la loi de 1844 qu'il faut demander la solution de notre question. M. de Lapleisse proposa qu'on fit cesser la controverse qui existait déjà sous l'empire de la loi de 1790. Il lui fut répondu : « Nous faisons une loi sur la police de la chasse, nous n'avons pas entendu établir le principe relativement à l'exercice de la chasse. La question posée par M. de Lapleisse reste parfaitement entière, d'après les principes du droit et de la jurisprudence. Il y a bien d'autres questions qu'on aurait pu introduire dans la loi si on avait dû s'occuper de l'exercice de la chasse.... »

Le Code civil définit le louage de chasse (art. 1709)

---

1. Cass., 2 avril 1836. — D., 1863, I, 411.

un contrat par lequel l'une des parties s'oblige à faire jouir l'autre d'une chose pendant un certain temps, et moyennant un certain prix que celle-ci s'oblige de lui payer.

Faire jouir d'une chose, c'est mettre à même de tirer parti de tous les avantages qu'une chose peut procurer, conformément à sa nature et sans la détruire. Or, il est incontestable que le gibier que nous avons déclaré être une qualité du fonds semble bien compris parmi les choses dont le bailleur doit faire jouir le preneur. Dire, comme le fait la Cour de cassation, que le droit de chasse forme un attribut de la propriété, d'un caractère particulier, qui, à raison de sa nature et de son objet, demeure réservé au propriétaire du terrain dans le silence du bail, c'est trancher la question par la question.

Il est vrai que dans bien des cas le propriétaire en louant sa ferme, aura entendu s'en réserver la chasse. Étendre les expressions *faire jouir* au gibier serait donc aller souvent à l'encontre de sa volonté. Tel est, en effet, le siége de la difficulté. Il faudra rechercher la commune intention des parties contractantes (art. 1154, C. C.), et en cas de doute s'en reférer à l'usage du pays (art. 1159, C. c.).

Ainsi tout se réduira à une question de fait. Le propriétaire, qui en louant sa ferme ne s'est pas réservé le droit de chasse par une clause formelle du bail, a-t-il entendu céder ce droit à son fermier, et le fermier a-t-il entendu l'acquérir ? Celui-ci le pourra exercer. Le propriétaire a-t-il, au contraire, voulu se

7

le réserver? Cela résulte-t-il des circonstances? Le fermier ne pourra pas chasser. Si enfin aucun indice ne révèle la volonté du propriétaire de céder sa chasse et du fermier de l'acquérir, il faudra, pour décider la question, consulter les usages du pays.

Pour l'usufruitier, au contraire, nous n'hésiterons pas à lui donner l'exercice du droit de chasse dans tous les cas, au détriment du nu-propriétaire. L'article 518 du Code civil ne permet aucun doute à ce sujet : « L'usufruit est le droit de jouir des choses dont un un autre a la propriété, *comme le propriétaire lui-même*, mais à la charge d'en conserver la substance[1]. »

Si l'usufruitier a le droit de jouir comme le propriétaire lui-même, il a non-seulement la faculté d'user de la chose, mais encore de toutes ses qualités, de tous ses avantages ou agréments, par conséquent du gibier comme des autres. Une seule restriction est mise à sa jouissance. Il ne doit pas porter atteinte à la substance de la chose *salva rerum substantia*. Il ne pourrait donc détruire le gibier, mais il peut le chasser comme le déclare formellement M. Duranton en ces termes :

« L'usufruitier, dit-il, est pleinement substitué au propriétaire quant à la jouissance. On doit tenir qu'il a le droit de chasser et que le propriétaire ne l'a pas. Vainement, dirait-on, que généralement du moins, le

---

1. Merlin, au mot : *Chasse*, p. 218. — Toullier, t. IV, p. 14, n° 19.

gibier n'est pas un fruit du fonds et conséquemment qu'il n'entre pas dans la jouissance de l'usufruitier; car il ne suit pas que le droit de chasse en lui-même ne soit susceptible d'aucun produit et qu'il ne soit d'ailleurs au nombre des agréments que procure la chose. Or l'usufruitier jouit de tous les produits à l'exception de ceux qui lui sont spécialement refusés par la loi, tels que les bois de hautes futaies.

Il jouit pareillement de tous les agréments dont la chose est susceptible[1]. »

En règle générale, nous ne saurions admettre que l'exercice du droit de chasse appartienne à ceux qui n'ont qu'un droit d'usage. (625, C. C.[2].) Néanmoins, si aux termes de l'article 628 du Code civil le titre qui l'a établi lui a donné une portée telle qu'il embrasse tous les avantages et agréments dont la chose qui en est l'objet est susceptible, nous ne voyons pas pourquoi le droit de chasse n'y serait pas compris.

Dans le cas de propriété indivise, le droit de chasse appartient à chacun des co-propriétaires.

La chasse des biens de l'État, des communes et des hospices, appartient à l'Etat, aux communes et aux hospices.

Nous savons maintenant à qui appartient le droit de chasse. Voyons s'il peut être cédé et à quelles conditions.

1. Duranton, t. IV, p. 472, n° 515.
2. Cass., 21 mai 1850. — Petit, p. 300.

Il est d'abord un point qui ne saurait soulever aucun doute. Le droit de chasse peut tout aussi bien être loué que le droit de cultiver une terre et d'en recueillir les fruits, car si le gibier n'est pas un fruit du fonds, il en est au moins une qualité. Or si le bailleur peut s'obliger à faire jouir le preneur de la qualité qu'a son fonds d'être fertile, il peut tout aussi bien s'engager à lui procurer l'avantage qui résulte de ce que son fonds est giboyeux (1709, C. c.): dans un cas comme dans l'autre, il y a jouissance offerte par le bailleur moyennant un prix que s'oblige à payer le preneur, ce qui constitue à proprement parler le louage de choses.

S'il en est ainsi, nous devrons appliquer à ce genre de louage toutes les règles ordinaires, et notamment il faudra décider que si le bailleur vend la terre dont la chasse a été louée, l'acquéreur devra respecter le bail authentique, ou ayant date certaine s'il n'est fait que sous seing-privé, à moins que le vendeur ne se soit formellement réservé le droit de ne le pas respecter en cas de vente (1743, C. c.). De même, en cas de privation de jouissance par suite de force majeure, le fermier de la chasse aura le droit de demander la résiliation du bail ou une diminution du prix. proportionnelle au manque de jouissance (1741,1184,C. c.). Il faut toutefois bien comprendre ce que nous entendons par privation de jouissance,et, par exemple, la destruction presque totale du gibier causée par un orage au moment de la couvée, ne saurait donner au locataire le droit d'invoquer l'article 1741. Ce qui en effet a fait l'objet du bail, ce n'est pas le gibier considéré en lui-même, mais le droit de le chasser, ce sera donc uniquement l'entrave mise à ce droit qui constituera le manque de jouissance.

« Le conducteur, locataire ou fermier, dit Pothier, doit avoir la remise pour le tout lorsque le bailleur n'a pu lui procurer la jouissance, ou l'usage de la chose[1]. » Troplong ajoute : « puisque le bailleur s'est obligé à faire jouir le preneur, il est clair que celui-ci ne saurait être satisfait lorsqu'un événement de force majeure le prive de la chose ou d'une partie de la chose. Le preneur empêché de jouir par un fait qui n'est pas le sien peut donc suivant les circonstances demander une diminution de prix ou la résiliation[2]. »

L'objection qu'on pourrait tirer de l'article 1148 C. c., serait sans valeur; car si le bailleur ne peut souffrir d'un événement auquel il est étranger, le preneur ne le peut pas davantage. D'ailleurs les articles 1741 et 1184 C. c. font résulter la résolution des conventions du seul fait de l'inexécution, sans distinguer si l'inexécution provient ou non de la faute des parties. L'article 1148 ne les contredit nullement, il se borne à déclarer que l'inexécution provenant d'un cas fortuit ne pourra jamais entraîner de dommages-intérêts[3].

1. Pothier, *Du louage*, n° 139.
2. Troplong, *Du louage*, n° 302.
3. Demolombe, *Obligations*, t. 2, n° 497

Si le droit de chasse appartient à un particulier ce sera lui qui aura qualité pour le louer, de même l'État pourra seul louer la chasse de ses domaines. Le maire ne pourra donner à bail la chasse des biens de la commune. Il faudra nécessairement une délibération du conseil municipal et l'approbation du préfet. Pour ceux des hospices, l'administration pourra en louer la chasse.

Souvent il arrive que dans les baux de chasse faits par des particuliers, ou dans le cahier des charges, s'il s'agit des biens soumis au régime forestier ou des propriétés des communes ou des établissements publics, il y ait des clauses limitatives du droit des adjudicataires ou fermiers. Voyons quelle sera la sanction de leur inexécution.

Le paragraphe 5 de l'article 11 de notre loi punit d'une amende de 16 à 100 francs les fermiers de la chasse, soit dans les bois soumis au régime forestier, soit sur les propriétés dont la chasse est louée au profit des communes ou établissements publics, qui auront contrevenu aux clauses et conditions de leurs cahiers de charges relatives à la chasse.

Pour ceux-là, pas de doute. Mais que décider pour les fermiers de chasse qui ne sont pas compris dans notre paragraphe? Faut-il le leur appliquer? Non, car nous sommes en matière pénale et il est de principe qu'on ne peut étendre par analogie une peine d'un cas à un autre.

Mais ne pourrait-on pas dire au moins qu'en outrepassant l'autorisation de chasse qui lui avait été donnée, le locataire a chassé sans droit et tombe sous le coup du paragraphe 2 de l'article 11 qui édicte une peine contre ceux qui auront chassé sur le terrain d'autrui sans le consentement du propriétaire? Nous ne le croyons pas d'avantage : car en l'admettant, nous enlèverions au paragraphe 5 presque toute importance, la peine étant la même dans le cas de chasse sur le terrain d'autrui sans le consentement du propriétaire et dans celui de contravention aux clauses du cahier des charges. Nous donnerons donc seulement une action en dommages-intérêts, pour inexécution des conventions (1142 C. c.) au propriétaire contre son locataire qui aura violé quelque clause du bail.

La jurisprudence a été saisie de la question de savoir si, dans le cas où une contravention aux clauses du cahier des charges aurait été commise par une personne invitée par l'un des fermiers dont il est question dans le paragraphe 5 de l'article 11, il faudrait en faire retomber la responsabilité sur le fermier seul ou en même temps sur cette personne. En principe elle a décidé que non-seulement le fermier, mais encore ses invités devaient être poursuivis. Le premier pour violation des clauses du cahier des charges, les autres pour chasse sur le terrain d'autrui, sans le consentement du propriétaire[1]. Néan-

---

1. Cass., 18 août 1849. Il s'agissait dans l'espèce, d'un individu qui avait été trouvé chassant dans une forêt communale, en vertu d'une permission à lui donnée, par l'adjudicataire, con-

moins dans un autre cas elle a abandonné cette
doctrine à cause de la grande difficulté qu'elle éprou-
vait à savoir sur lequel des invités elle devait faire
retomber la responsabilité [1].

Nous ne saurions admettre cette doctrine après
avoir refusé au particulier, qui a loué sa chasse, le
droit de poursuivre comme ayant chassé sans autorisation son fermier qui contreviendrait aux clauses
du bail. Nous ne pouvons pas davantage étendre
aux invités la règle contenue dans le paragraphe 5 de
l'art. 11. Pour eux, les clauses du cahier des charges
ou du bail sont *res inter alios acta.*

La chasse peut être louée, nous venons de le voir;
pourrait-elle également être vendue ou donnée? et
si une telle cession est licite, quelle en sera l'effet?

Nous verrons, en traitant des personnes qui ont
qualité pour poursuivre les contraventions à la loi
de 1844, que le propriétaire seul peut porter plainte
contre celui qui se permettrait de chasser sur ses terres
sans son autorisation, quand d'ailleurs le chasseur
s'est conformé à toutes les prescriptions édictées par
la loi. Dès lors, le silence du propriétaire équivaut à
une permission tacite. Ne pourrait-il pas faire plus,

trairement au cahier des charges, qui l'autorisait seulement à se
faire accompagner. Le chasseur fut condamné en vertu du § 2
de l'art. 2 de la loi de 1844.

1. Cass., 29 nov. 1845. Dans cette seconde affaire, l'adjudicataire avait invité à chasser un nombre de personnes supérieur
à celui que son cahier des charges lui permettait d'engager,
la Cour le déclara seul responsable, à cause de la difficulté de
savoir sur quel invité faire retomber la faute.

et céder sa chasse gratuitement ou à titre onéreux?
Nous ne voyons rien qui s'y oppose. La chasse n'est-
elle pas parmi les choses qui sont dans le commerce, au moins quant à son usage, et n'est-il pas de
principe que l'usage d'une chose qui est dans le
commerce peut être, comme la chose même, l'objet
d'un contrat (1127 et 1128, C. c.)?

Nous déciderons donc sans hésiter que la chasse
peut être donnée ou vendue. Mais immédiatement se
présente la question de savoir quel sera l'effet d'une
telle vente ou d'une telle donation.

Trois opinions sont ici en présence :

D'après la première, une telle cession ne pourrait
jamais créer activement et passivement que des rela-
tions purement personnelles. Décider le contraire
serait violer l'article 686 du Code civil qui prohibe
l'établissement d'une servitude prédiale sur un fonds
au profit d'une personne et de ses héritiers [1].

La seconde, au contraire, soutient qu'il y aurait
en cela constitution d'une véritable servitude trans-
missible activement et passivement à tous les successeurs des héritages. Que défend en effet l'article 686?
la constitution d'une servitude grevant à perpétuité
un fonds au profit d'une personne et de ses héritiers.
Mais tel ne sera pas l'effet de la donation ou de la
vente d'un droit de chasse faite par un voisin à son
voisin. Qui ne voit en effet qu'un tel acte aura pour
résultat d'augmenter la valeur vénale et locative du

1. Cujas, *Observ.*, cap , XXIV. — Pardessus, t. I, n° 11.

fonds au profit duquel le droit de chasse aura été constitué, ce qui est le propre de la servitude prédiale[1].

« Ni l'une ni l'autre de ces deux solutions ne nous paraissent admissibles. A notre avis, le droit de chasse peut bien être établi à titre d'usage irrégulier, de manière à grever, au profit d'une personne déterminée et pendant sa vie, le fonds servant d'une charge réelle, qui le suivra dans les mains de tout tiers détenteur (art. 628, C. c.), mais qu'il ne saurait constituer une servitude prédiale établie à perpétuité en faveur d'un fonds ; car la vérité est que ce droit a pour objet direct et principal, non pas l'utilité ni l'agrément du fonds lui-même, considéré en soi et comme fonds, mais avant tout l'agrément individuel de la personne[2]. »

1. Toullier, t. II, n° 588. — Daviel, t. III, n° 933.
2. Demolombe, *Des servitudes*, t. II, p. 190, n° 484.

CHAPITRE II.

DES CONDITIONS AUXQUELLES EST SUBORDONNÉ
L'EXERCICE DU DROIT DE CHASSE.

Nous avons cherché à démontrer, dans le livre précédent, que c'était le droit civil qui réglementait la propriété et la transmissibilité du droit de chasse. Examinons maintenant les conditions mises par la loi du 3 mai 1844 à son exercice.

Ces conditions peuvent se réduire à trois : Il faut que la chasse soit ouverte; que celui qui veut chasser ait obtenu un permis et qu'il ne chasse qu'où, quand et comme la loi le permet.

Ces trois conditions feront l'objet de trois sections différentes. Nous en ajouterons une quatrième pour traiter de la chasse dans les enclos, chasse qui échappe, à cause du respect dû au domicile, à plusieurs des règles contenues dans les trois sections précédentes.

SECTION I.

OUVERTURE ET FERMETURE DE LA CHASSE

Interdire l'exercice du droit de chasse pendant une partie de l'année est une nécessité que la conservation des récoltes et la propagation du gibier proclament également. Néanmoins il faut attendre la loi du 30 avril 1790 pour la trouver sanctionnée. Au xvie siècle, il est vrai, Charles IX défend de chasser à pied ou à cheval, avec chiens ou oiseaux, sur les terres ensemencées, depuis que le blé est en tuyaux, aux vignes depuis le 1er jour de mars jusqu'à la dépouille, à peine de tous dépens, dommages et intérêts[1]. Henri IV[2], Louis XIV[3], et Louis XV[4], portent la même prohibition et en reproduisent, sinon les termes, du moins l'esprit. Ce n'est pas la propagation du gibier qui les préoccupe, mais la conservation des récoltes. Dès lors, il est loisible de parcourir toute l'année les campagnes avec chiens et chevaux, pourvu qu'on respecte les champs couverts de moissons et les vignes jusqu'aux vendanges.

L'Assemblée nationale posa un principe tout diffé-

1. Ordonnnace d'Orléans, art. 108. — Charles IX, 1860.
2. Édit de Henri IV sur la chasse, art. 4, janv. 1896.
3. Ordonnance de 1669, tit. XXX, sect. xii, art. 18.
4. Règlement du conseil provincial d'Artois, 13 août 1759.

rent. Elle interdit la chasse d'une manière générale de telle époque à telle autre, inaugurant ainsi le système des ouvertures et des fermetures, tout en persistant à défendre partout et toujours la chasse dans les récoltes.

« Défenses sont pareillement faites, sous ladite peine de vingt livres d'amende, aux propriétaires ou possesseurs, de chasser dans les terres non closes, même en jachères, à compter du jour de la publication du présent décret, jusqu'au 1er septembre prochain, pour les terres qui seront alors dépouillées de leurs fruits, et pour les autres terres jusqu'après la dépouille entière des fruits, sauf à chaque département à fixer pour l'avenir le temps dans lequel la chasse sera libre, dans son arrondissement, aux propriétaires sur leurs terres non closes. [1] »

On le voit, au souci de la conservation des récoltes se joint, chez le législateur de 90, celui de la propagation du gibier. Le nouveau régime inauguré par la Révolution avait fait passer dans le domaine de tous, le droit de chasser, jusqu'alors réservé à quelques personnes grandement intéressées à la propagation du gibier. Il devenait nécessaire, sous peine de le voir disparaître, de lui constituer une protection spéciale.

La loi du 3 mai 1844 reste fidèle aux principes posés par celle de 1790. Toutefois elle restreint considérablement les pouvoirs de l'autorité administra-

---

1. Loi du 30 avril 1790, art 1er, § 2.

tive. Désormais les préfets ne pourront plus limiter l'ouverture de la chasse aux terres dépouillées de leurs fruits. La discussion de la loi, la jurisprudence[1] et les auteurs[2] sont unanimes pour nous signaler ce changement. Aussi est-il inutile d'y insister.

Au surplus, l'article 11 de la loi suffirait à enlever tous les doutes, s'il était permis d'en concevoir. La chasse dans les récoltes n'est, en effet, une cause d'aggravation de peine que si le propriétaire n'y a pas consenti, preuve évidente qu'il n'est pas loisible au préfet d'interdire la chasse au propriétaire lui-même.

Le ministre de l'intérieur, dans les instructions qu'il a données aux préfets sur la nouvelle loi, leur dit, à propos de l'ouverture (art. 3), qu'ils peuvent, s'ils le jugent convenable, fixer une époque différente pour chaque canton ou chaque arrondissement[3].

Mais il leur interdit d'ouvrir la chasse au bois, avant la chasse en plaine, la chasse au chien d'arrêt avant la chasse au chien courant[4].

Telle était la règle universellement suivie. Mais bientôt s'élevèrent des réclamations fondées pour la plupart sur la dévastation des campagnes, et sur la

1. Paris, 7 déc. 1844, D. 45, IV, 82. — Cass., 18 juillet et 18 déc. 1845; D. 46, I, 19.

2. Giraudeau, p. 89. n° 272. — Rogron, p. 56. — Petit, t. I, p. 348 et suivantes.

3. Circ. du Ministre de l'intérieur, du 20 mai 1844; D. 44, II, 102.

4. Circ. du Ministre de l'intérieur, du 22 juill. 1851.

destruction presque totale du gibier. Souvent en effet se portait sur un même point un trop grand nombre de chasseurs, qui, profitant des ouvertures successives, ravageaient d'abord un département en attendant qu'ils pussent en ravager un autre. Le ministre de l'intérieur consulta les préfets pour savoir s'il ne serait pas préférable d'ouvrir la chasse par grandes zônes plutôt que par département[1]. L'avis du plus grand nombre ayant été favorable à cette proposition une circulaire du 6 juillet 1863 divisa la France en trois zônes, composées chacune des départements qui présentaient entre eux le plus d'analogie de culture. Il prescrivit aux préfets d'ouvrir la chasse le jour qui serait assigné à la zône dont leurs départements feraient partie[2]. Pour la fermeture elle continua à être librement fixée par chaque préfet jusqu'au moment où une nouvelle circulaire[3] établit qu'il n'y aurait plus à l'avenir que deux fermetures, celle du midi, et celle du nord.

Sans vouloir méconnaître les avantages que peut présenter l'uniformité, nous ne pouvons nous empêcher d'y voir un empiètement de l'autorité centrale sur l'autorité départementale qui est le plus à même

---

1. Circ. du Ministre de l'intérieur du 20 déc. 1862; D. 63, III, 55.

2. Circ. du Ministre de l'intérieur du 6 juill. 1863; D. 63 III, 55.

3. Circ. du Ministre de l'intérieur du 6 janv. 1864; D. 64, III, 20.

d'apprécier l'état des récoltes et du gibier, et qui d'ailleurs a reçu de la loi le pouvoir non-seulement de faire connaître le jour de l'ouverture et celui de la clôture de la chasse, mais encore de le *déterminer*. Ce droit résulte clairement des termes mêmes employés par le législateur, de l'exposé des motifs présenté par le garde des sceaux[1] et de la discussion de la loi dans laquelle le même garde des sceaux combattant un amendement s'exprima en ces termes : « un préfet ne peut déléguer *le droit que la loi lui attribue* que quand la faculté de déléguer lui est accordée par la loi ; or cette faculté n'étant pas donnée au préfet, il doit exercer lui-même *le droit qu'il a d'ouvrir et de fermer la chasse*[2]. »

Quoiqu'il en soit de cet excès de pouvoir, les préfets doivent aujourd'hui comme en 1862 prendre deux arrêtés l'un pour ouvrir, l'autre pour clôre la chasse. La violation de ces arrêtés entraînant une peine assez forte, le législateur a eu soin d'en prescrire la publication à l'avance pour donner le temps aux chasseurs d'en prendre connaissance et de faire leurs préparatifs ; aux agriculteurs d'élever leurs réclamations contre une ouverture prématurée. De plus, toujours dans le même but de protection, les arrêtés doivent être affichés, conformément à l'avis du conseil d'état du 25 prairial an XIII[3]. Enfin, s'il

1. Duvergier, *Collection des lois*, t. XLIV, p. 85.
2. Duvergier, *Collection des lois*, t. XLIV, p. 106.
3. M. Batbie, *Traité de droit administratif*, t. IV, p. 153. —

s'élève des difficultés sur la régularité de leur publication, c'est à l'autorité administrative qu'incombe la charge de la preuve[1].

L'arrêté a-t-il été régulièrement pris, tout le monde admet, contrairement à la règle générale posée par les codes de procédure et d'instruction criminelle, qu'il est permis de chasser dès l'aube, le jour même de l'ouverture et jusqu'à la nuit le jour de la fermeture[2]. Mais la difficulté devient sérieuse, si le préfet ne s'est pas conformé à l'obligation qui lui est imposée de publier son arrêté dix jours au moins avant celui de l'ouverture ou de la fermeture. Que faire alors, dans le silence de la loi ? déclarer nul l'arrêté irrégulier ? Mais ce serait, dans bien des cas retourner le bienfait de la loi contre ceux qu'elle voulait protéger. Aussi nous inspirant de la pensée du législateur nous croyons qu'il vaut mieux admettre avec M. Petit que l'arrêté d'ouverture régulier ou non produira toujours son effet, au jour fixé par lui, et que celui de fermeture ne sera obligatoire qu'après dix jours, à dater de sa publication. Entraîné par la logique, le savant auteur du traité complet du droit de chasse applique la même règle à un premier arrêté qui serait rapporté par un second. D'après lui ce premier

Cass., 5 juill. 1845 ; B. n° 222. — Cass., 12 avril 1861 ; B. n° 80.

1. Cass., 18 sept. 1847 ; D. 47, 1, 261. — Cass., 5 juill. 1845 ; S. 45, 1, 776. — Berriat Saint-Prix, n° 24. — Petit, t. I, p. 423.

2. Cass., 7 sept. 1833. — Petit, t. I, p. 410, 411.

arrêté continuerait à être obligatoire tant qu'il ne s'est pas écoulé dix jours depuis la publication du second[1]. Nous n'osons pas aller jusque là, et nous préférons l'avis de la cour de cassation d'après lequel, si le second arrêté est publié avant la mise en œuvre du premier celui-ci est annulé de suite[1].

Chacune de ces hypothèses a besoin d'être mise en lumière, reprenons-les donc l'une après l'autre :

1° *L'arrêté d'ouverture régulier ou non, produit toujours son effet le jour qu'il a fixé*[3]. Le préfet ouvre la chasse le 1er septembre. S'il publie son arrêté le 21 août il n'y a pas de difficulté, car le délai légal est respecté. Mais s'il le publie le 22, le 23, le 25, il n'y a plus dix jours entre la publication et l'ouverture, l'arrêté est irrégulier. Il produira néanmoins son effet, c'est-à-dire qu'il permettra de chasser sans délit le 1er septembre. Décider le contraire serait commettre une injustice envers le chasseur et méconnaître la pensée du législateur, qui a imposé le délai de 10 jours dans son intérêt.

On pourrait nous objecter que ce délai a aussi pour but de permettre aux agriculteurs de réclamer, et qu'en protégeant l'un, nous nuisons aux autres. Oui, sans doute, il faut toujours sacrifier l'un des deux intérêts, mais comment hésiter entre condam-

---

1. Petit, t. I, p. 412 et suivantes. — Bourges, 15 nov. 1866; D. 66, I, 403.

2. Cass., 14 déc, 1860; D. 60, I, 403. — Cass., 4 janv. 1849; D. 49, t. XLI.

3. Rogron, p. 54. — Giraudeau, n° 275.

ner un homme pour la faute d'un autre, ou causer un simple préjudice, qui l'aurait peut-être été, même si l'arrêté avait été régulier ; car, le préfet n'est pas obligé de tenir compte des réclamations qui lui sont adressées pour retarder l'ouverture de la chasse.

2° *L'arrêté de fermeture n'est obligatoire qu'après dix jours à dater de sa publication*[1]. Le préfet ferme la chasse le 10 février, et ne publie son arrêté que le 2, le 3, le 5 février au lieu de le publier le 31 janvier. L'arrêté ne sera obligatoire que le 12, le 13, le 15 février. C'est-à-dire que, nonobstant la prohibition qu'il édicte à partir du 10 février, on pourra continuer à chasser sans délit encore deux, trois ou cinq jours. En effet, la nécessité de protéger le chasseur apparaît ici plus clairement encore qu'en matière d'ouverture. Car s'il s'agit d'ouverture son ignorance ne peut avoir d'autre inconvénient pour lui que de le priver d'un ou de plusieurs jours de chasse. S'il s'agit au contraire de fermeture, dès que l'arrêté devient obligatoire tout fait de chasse constitue un délit. Comment dès lors pourrait-on admettre qu'il soit permis à un préfet de diminuer par sa négligence les garanties de publicité édictées par la loi?

3° *Un second arrêté publié avant la mise en œuvre du premier a pour effet de l'annuler de suite*[2]. Le

---

1. Rogron, p. 54. — Giraudeau, n° 283.

2. Camusat-Busserolles, p. 52. — Rép. du Palais, n° 108. — Rogron, p. 53. — Cout. Petit, t. I, p. 414 et suivantes. — Berriat, p 25 et 26. — Bourges, 15 nov. 1860.

préfet ouvre la chasse le 1er septembre par un arrêté publié le 15 août ; des réclamations s'élèvent et
motivent un second arrêté, publié le 25 août, qui
reporte au 10 septembre le jour de l'ouverture.
Pourra-t-on chasser du premier au cinq septembre,
c'est-à-dire pendant le temps compris entre le jour
de l'ouverture fixée par le premier arrêté et l'expiration du délai de 10 jours nécessaire pour rendre le
second obligatoire ? Ou bien, au contraire, tout fait de
chasse accompli avant le 10 septembre jour de l'ouverture fixée par le second arrêté constituera-t-il un
délit ?

Nos adversaires, pour soutenir que dans cette hypothèse il est permis de chasser du 1er au 5 septembre, ar-
gumentent ainsi: L'arrêté qui retarde l'ouverture déjà
fixée par un précédent arrêté est véritablement un
arrêté de fermeture ; il est soumis par conséquent au
délai de 10 jours. Tant que ce délai n'est pas expiré,
il ne peut avoir aucune force obligatoire et le précédent conserve tout son empire. Nous serions de leur
avis si la publication du second arrêté avait été postérieure à la mise en œuvre du premier, mais tel n'est
pas le cas qui nous occupe. Appeler arrêté de fermeture celui qui a été publié avant le jour fixé par le précédent pour l'ouverture, c'est commettre une étrange
erreur. Comment en effet pourrait-on fermer ce qui
n'est pas encore ouvert ? Tant que le jour fixé pour
l'ouverture n'est pas arrivé, on ne peut pas dire que
la chasse soit ouverte ; il n'y a pas droit acquis, il y
a simple expectative qu'un nouvel arrêté peut retar-

der. Au surplus, dans l'opinion que nous combattons le préfet ne serait-il pas presque toujours impuissant à faire droit à de justes réclamations.

Supposons en effet le premier arrêté publié seulement dix jours à l'avance ; on ne peut rien reprocher au préfet.

Des réclamations s'élèvent : elles ne parviendront pas le jour même à la préfecture, et s'il en était ainsi, le nouvel arrêté ne pourrait certainement pas être ce jour-là imprimé et affiché dans tout le département. Par conséquent en supposant même des circonstances exceptionnellement favorables, il ne serait pas encore possible au préfet de publier son second arrêté, à temps utile, pour annuler le premier.

Enfin, si ces arguments étaient insuffisants, la discussion de la loi achèverait certainement d'enlever les doutes.

M. Ginoux proposant de ne soumettre au délai de 10 jours que l'arrêté de fermeture, s'exprime en ces termes : « Le préfet veut-il rapporter son arrêté ? Mais faites attention que vous aurez décidé que les arrêtés en cette matière ne sont obligatoires qu'au bout de 10 jours ; que dès lors le second arrêté de *clôture* ne pouvant produire son effet qu'au bout de 10 jours, il y aura un temps égal au nombre de jours qui se seront écoulés entre la publication des deux arrêtés, pendant lequel la chasse sera légalement ouverte et cela contre l'intention, contre la volonté de l'autorité... »

Le rapporteur répond : « que le premier arrêté qui aurait été pris serait modifié par un second, et que le second s'identifiant avec le premier, il y aurait un délai de quinze jours, au lieu d'un délai de 10 jours (le rapporteur supposait que le second arrêté avait été pris cinq jours après le premier). Il n'en peut résulter aucun inconvénient » [1].

L'explication du rapporteur fut admise et l'amendement repoussé.

Les arrêtés d'ouverture et de fermeture n'ont jamais été soumis à l'avis préalable des conseils généraux [2] comme ceux relatifs aux oiseaux de passage, au gibier d'eau et aux animaux malfaisants et nuisibles (art. 9). Mais ils rentrent dans les actes intéressant l'ordre public, la police et la sûreté, et dès lors ils ne peuvent être modifiés par des conventions privées. Ainsi l'adjudicataire d'un droit de chasse commet un délit s'il chasse après la fermeture, alors même que le cahier des charges approuvé par le préfet le lui permettrait pendant une période déterminée plus longue que celle fixée par les arrêtés préfectoraux. En approuvant le cahier des charges le préfet ne peut déroger à la loi générale [3]. Ce pouvoir ne lui appartient, ainsi qu'au maire, que dans un seul cas [4], quand la sûreté des campagnes exige que

---

1. Duvergier, *Collection des lois*, t. XLIV, p. 106.
2. Dufour, *Traité général de droit administratif*, t. I, p. 225.
3. Cass., 7 oct. 1862 ; D. 62, I, 418. — Gillon et Villepin, n° 76. — Petit, t. I, p. 382.
4. Lois des 28 sept. et 6 oct. 1791, art. 9, t. II.

l'ouverture régulièrement fixée soit retardée sur certaines parties du territoire du département ou de la commune [1]. Dans ce cas la violation des arrêtés du maire ou du préfet ne constituent pas un délit de chasse, mais une simple contravention, celle prévue par l'art. 471 § 15 du Code pénal.

SECTION II.

DU PERMIS DE CHASSE.

§ 1. *Historique.*

Avant 1789, les gentilshommes avaient seuls le droit de conserver des armes. A tous autres il fut enjoint de les déposer d'abord à la maison forte ou au château le plus voisin [2], sous peine d'encourir la confiscation et l'amende la première fois, d'être pendu et étranglé en cas de récidive [3]. Plus tard ce ne fut plus au château, mais chez le maire ou échevin que les armes durent être mises en garde [4].

Le décret du 20 août 1789 supprima ce privilége

---

1. Cass., 3 mai 1837. — Cass., 4 sept. 1847; D. 47, IV, 32. — Cass., 12 juill. 1855. — Petit, t. I, p. 352.
2. Ordonnance de François Ier, 1515, art. 2.
3. Ordonnance du 17 déc. 1559.
4. Ordonnance de janvier 1691.

et posa, sinon en termes formels, au moins implicitement le principe contraire. Il ordonna qu'il soit dressé un rôle des hommes sans aveu, sans métier ni profession, et sans domicile constant, lesquels seraient *désarmés*. Ce qui impliquait pour tous ceux qui ne seraient pas compris dans le rôle, le droit au port d'armes. La loi du 30 avril 1790 admit le même principe en termes non moins formels. Elle permit (art. 15) au propriétaire, possesseur et fermier de repousser *avec des armes à feu* les bêtes fauves qui se répandraient dans leurs récoltes. Enfin le Code pénal de 1810 acheva d'enlever les doutes qui pouvaient encore subsister, en déclarant déchus du droit *de port d'armes*, ceux qui auraient été condamnés à la peine des travaux forcés à temps, au bannissement, au carcan, etc. [1], et en conférant aux tribunaux jugeant correctionnellement, le droit d'interdire en tout ou en partie l'exercice des droits civiques, civils et de famille parmi lesquels se trouve celui *de port d'armes* [2].

Les deux décrets de 1810 et de 1812 restèrent fidèles à la règle admise par celui de 1789. Le premier [3] qui chargeait l'administration de l'enregistrement de délivrer des permis de port d'armes de chasse moyennant le prix de 30 francs, avait un but

---

1. *Code pénal*, art. 28, abrogé par la loi du 28 avril 1832, art. 12.

2. *Code pénal*, art. 42, 3°.

3. Décret du 11 juill. 1810.

purement fiscal ; le second[1] dont la légalité n'a été admise par la chambre des députés en 1849 qu'après de longs débats, ne faisait qu'ajouter au précédent la sanction dont il était dépourvu. Il ne touchait en aucune façon à la liberté laissée à tout individu de porter des armes, pourvu toutefois qu'il ne s'en servit pas pour chasser. Ainsi en dehors de ce dernier cas il n'existait aucune obligation de prendre un permis. La chasse avec armes était seule soumise à cette formalité. Le fait de porter des armes même de chasse en était exempté.

Ce principe, très-nettement posé, comme nous venons de le voir, reçut une sanction nouvelle dans la loi de 1844, qui substitua les mots *permis de chasse*, aux mots *permis de port d'arme de chasse* employés par le décret de 1812. Mais si, à ce point de vue il n'y a aucune différence entre la loi et le décret, il n'en est pas de même en ce qui concerne l'exercice de la chasse. Sous l'empire des décrets, le permis n'était nécessaire que pour la chasse avec armes. L'article 1er de notre loi l'exige, au contraire, pour toute espèce de chasse, comme l'a très clairement fait remarquer le ministre de l'intérieur dans un paragraphe que nous ne pouvons nous dispenser de rapporter ici : « Aux termes de l'article 1er de la loi du 3 de ce mois, dit-il, *nul ne pourra chasser... s'il ne lui a pas été délivré un permis de chasse par l'autorité compétente.* »

---

1. Décret du 4 mai 1812.

« Vous aurez remarqué, sans doute, monsieur le préfet, la différence qui existe entre la législation ancienne et la loi nouvelle, quant à l'intitulé du titre délivré par l'autorité pour rendre licite l'exercice de la chasse. De l'ancien nom *permis de port d'armes de chasse*, on pouvait, jusqu'à un certain point, conclure qu'il était loisible de chasser *sans permis*, de toute autre manière qu'avec un fusil. C'est pour éviter toute équivoque que, dans la loi du 3 de ce mois, on a employé les mots *permis de chasse*, qui, dans leur généralité, embrassent toute espèce de chasse, soit à tir, soit à courre, soit même la chasse des oiseaux de passage, que vous aurez à réglementer en vertu de l'article 9. »

La jurisprudence et les auteurs[1] sont unanimes à reconnaître l'exactitude de l'interprétation donnée par le ministre et condamnent sans hésiter tous faits de chasse quelconque accomplis sans permis. Aussi, ni la chasse à courre, ni la chasse à tir, ni la chasse aux alouettes avec miroir, filet ou fusil[2], ni la chasse aux lapins avec bourses et furet[3], ni la chasse aux oiseaux de passage[4], ni celle aux petits oiseaux[5] ne peuvent s'exercer sans permis. En un mot, sont soumis à l'obligation du permis tous les actes qui peuvent rentrer dans la définition que nous avons pré-

1. Petit, t. I, p. 437. — Dufour, p. 10.
2. Cass., 18 avril 1845.
3. Petit, t. I, p. 76.
4. Cass., 13 avril 1845.
5. Cass., 24 sept. 1847. — Nancy, 11 décembre 1844 ; D., 45, II, 4.

cédemment donnée de la chasse. Il n'y a à cette règle que quatre exceptions, toutes mentionnées dans notre loi. La première résulte de l'article 2 qui permet de chasser sans permis dans les possessions attenant à une habitation et entourées d'une clôture continue faisant obstacle à toute communication avec les héritages voisins. La seconde est contenue dans l'article 30 qui déclare non applicables aux propriétés de la couronne les dispositions de la présente loi relatives à l'exercice du droit de chasse et qui dispense par là même du permis ceux qui chassent dans ces propriétés. Enfin les deux dernières sont bien moins des exceptions que l'application du principe de la légitime défense. Elles découlent l'une et l'autre de l'article 9, paragraphe 3, qui autorise le propriétaire ou fermier à repousser ou à détruire, même avec des armes à feu, les bêtes fauves qui porteraient dommage à leurs propriétés et les animaux déclarés malfaisants ou nuisibles par l'arrêté préfectoral. — Relativement à cette dernière exception, on s'est demandé si le préfet, qui, en déterminant les espèces d'animaux malfaisants ou nuisibles, doit fixer les conditions auxquelles sera subordonné le droit de les détruire, ne pourrait pas, au nombre de ces conditions, faire figurer l'obligation d'avoir un permis? La négative a été admise sans difficulté, pour cette raison péremptoire que lui reconnaître ce droit serait lui permettre d'ajouter à la loi[1]. Mais il

1. Petit, t. I, p. 443. — Rouen, 14 fév. 1845. — Orléans, 15 mai 1851.

va sans dire que si le propriétaire ou fermier ne se contentait pas de repousser ou de détruire les bêtes fauves et animaux malfaisants ou nuisibles et se permettait de les chasser, il devrait être muni d'un permis.

Certains publicistes ont cru pouvoir admettre une cinquième exception en faveur des femmes qui, d'après eux, ne seraient pas assujetties à l'obligation de prendre un permis pour chasser. Nous ne saurions partager leur avis en présence de l'article 1er de notre loi qui dit formellement : « Nul ne pourra chasser…, s'il ne lui a pas été délivré un permis de chasse. » Par là le législateur a clairement imposé la même obligation aux femmes qu'aux hommes, comme l'ont fort bien décidé les tribunaux de Nevers et de Pontoise[1].

§ 2. *Obtention du permis.*

Si l'on se reporte à la discussion de la loi, on sera frappé de voir à combien d'hésitations donna lieu la rédaction du paragraphe 1er de l'article 5 qui détermine l'autorité chargée de délivrer les permis de chasse. Dans le projet[2] ce devait être le préfet du département dans lequel l'impétrant aurait sa résidence.

1. Nevers, 15 janv. 1830. — Pontoise, 14 nov. 1842.
2. Duvergier, *Collection des lois*, t. XLIV, p. 89 ; art. 5 du projet de loi.

A la chambre des pairs, on substitua le préfet du domicile à celui de la résidence ; enfin on admit dans la rédaction définitive que ce serait indifféremment le préfet du domicile ou celui de la résidence[1].

Telle était la règle : mais le nombre des demandes de permis de chasse devenant de jour en jour plus considérable, certains préfets se virent dans l'impossibilité de satisfaire à toutes sans retard. Le ministre de l'intérieur[2], pour obvier à cet inconvénient, autorisa en 1860, les sous-préfets à signer pour le préfet, mais sous la réserve de son approbation, les permis demandés par les personnes domiciliées ou résidentes dans leur arrondissement. L'année suivante un décret[3] donna aux sous-préfets un pouvoir aussi étendu qu'aux préfets, pour accorder le permis de chasse.

Ce sont donc aujourd'hui les préfets ou sous-préfets tant du domicile que de la résidence qui accordent ou refusent le permis de chasse. Mais ce n'est pas directement à eux que la demande doit être adressée[4]. L'impétrant doit l'envoyer d'abord au maire de son domicile ou de sa résidence avec la quittance du percepteur attestant le paiement des droits. Le maire, après avoir ajouté son avis à la demande, la transmet au préfet ou sous-préfet, qui lui expédie le permis avec mission de le faire parvenir au destina-

1. Duvergier, t. LXIV, p. 115. Discussion de la loi.
2. Circ. du 12 juill. 1860.
3. Décret du 1er avril 1861, art. 6.
4. Circ. du 20 mai 1844.

taire. Dans le cas de refus, notification en est faite au maire qui doit en prévenir la partie intéressée. Des instructions sont en même temps données au percepteur pour qu'il restitue le montant des droits qui lui ont été versés.

Cette manière de procéder reçoit une seule exception : à Paris le préfet de police remplace celui du département. Les demandes adressées au commissaire du quartier sont par lui transmises au préfet de police qui accorde ou refuse le permis de chasse [1]. Pour les communes dépendant des arrondissements de Sceaux et de Saint-Denis, elles restent soumises au droit commun en ce sens que la demande doit, comme dans les autres départements, être adressée au maire. Mais elles ont cela de commun avec Paris qu'il appartient au préfet de police de statuer.

La demande de permis de chasse, nous l'avons déjà dit, doit être précédée du versement des droits entre les mains du percepteur [2].

Ces droits qui étaient de trente francs par an sous l'empire du décret du 11 juillet 1810 et du 4 mai 1812 furent fixés à vingt cinq francs par l'article 5 second alinéa de la loi du 3 mai 1844. Cette somme

1. Dans la pratique, on se contente de se présenter à la préfecture de police avec son permis de chasse de l'année précédente et la quittance des droits, qui doivent toujours être payés d'avance. Sans autre formalité, le nouveau permis est délivré.

2. Circ. du Ministre de l'intérieur, 30 juill. 1849.

se décomposait ainsi : quinze francs étaient acquis à l'état et dix francs à la commune dont le maire avait reçu la demande pour la transmettre au préfet avec son avis. Une loi de 1874[1] a porté à quarante francs le prix du permis de chasse. Cette élévation ne profite qu'au Trésor qui reçoit aujourd'hui trente francs par permis au lieu de quinze. La commune continue à ne toucher que dix francs.

On s'est demandé s'il était nécessaire de formuler la demande de permis sur papier timbré? La plupart des auteurs[2] reconnaissent aux préfets le droit d'exiger le timbre, sans toutefois leur en faire une obligation. Leur unique argument consiste à dire : les demandes adressées à l'administration doivent être faites sur papier timbré; or la demande de permis est une demande adressée à l'administration, donc elle doit être soumise au timbre.

Ce raisonnement est aussi exact que simple, mais il conduirait à exiger le timbre dans tous les cas, et non à laisser à l'arbitraire du préfet le pouvoir de le demander ou non. Voyons donc s'il est vrai que toutes les demandes adressées à l'administration soient soumises au timbre, et si au nombre de ces demandes doivent être rangées celles en délivrance de permis de chasse.

L'article 12 de la loi du 11 brumaire an VII soumet au timbre :

1. Loi du 23 août 1874, art. 2.
2. Petit, t. I, p 447. — Giraudeau, p. 123 et 383. — Dufour, p. 12.

« § 10. Les pétitions ou mémoires, même en forme de lettres, présentés au directoire exécutif, aux ministres, à toutes autorités constituées, au commissaire de la trésorerie nationale à cause de la comptabilité nationale, aux directeurs de la liquidation générale, et aux administrations ou établissements publics. »

« § 12. Et généralement tous actes et écritures, extraits, copies et expéditions, soit publics, soit privés, devant ou pouvant faire titre, ou être produits pour obligation, décharge, justification, demande ou défense. »

Le sens de cet article n'a pas paru suffisamment clair, et des réclamations nombreuses se sont élevées. Elles ont motivé une décision du ministre des finances qu'on peut lire dans une instruction de la régie, qui se termine en ces termes : « En conséquence, M. le ministre des finances a décidé, le 31 janvier 1846, que les demandes de permis de chasse peuvent être rédigées sur papier non timbré[1]. »

A cette décision ministérielle, les adversaires du timbre ajoutent la pratique constante de Paris où sur la présentation du permis de l'année précédente, et sans faire aucune demande, on obtient un nouveau permis. Et aussi celle de plusieurs départements où les maires se contentent de viser le vieux

1. Instruction de la régie, du 12 mars 1846; D. 46, III, 64.

permis et de l'adresser à la préfecture en guise de demande.

Ces arguments ne nous touchent guère. Que peut en effet une circulaire ministérielle contre un article de loi, qui impose, tout le monde le reconnaît, l'obligation du timbre à toute demande faite à l'administration ? Il est hors de doute que la demande de permis de chasse soit une demande adressée à l'administration ; il faudrait donc un texte formel pour la faire sortir du droit commun en la dispensant du timbre.

Quant à ce qui se passe tant à Paris que dans certains autres départements, on n'en peut tirer aucun argument pour ou contre le timbre, car, à proprement parler, il n'y a plus de demande, et sous ce rapport nous ne pouvons nous empêcher de signaler cette pratique comme vicieuse et illégale, la loi (art. 5) semblant bien exiger qu'une demande soit faite.

La demande faite sur papier timbré doit être remise soit au maire de la résidence, soit au maire du domicile de l'impétrant. Mais le choix une fois fait, la filière administrative doit être suivie jusqu'au bout. Ainsi il ne serait pas permis de prendre l'avis du maire de sa résidence et de s'adresser ensuite au préfet ou au sous-préfet de son domicile. Au contraire, rien ne s'oppose à ce qu'après avoir éprouvé un refus de la part du préfet de son domicile, l'impétrant s'adresse à celui de sa résidence, ou réciproquement ; la décision de l'un ne devant avoir aucune influence sur l'autre. Nous ne parlons pas du cas où le maire refuserait d'ajouter son avis à la demande. Il ne le peut pas, et s'il le faisait, il s'exposerait à être poursuivi et le préfet procéderait alors d'office.

Mais il importe de se bien fixer sur la portée des expressions : maire du *domicile* ou de la *résidence*. La pensée du législateur nous semble trop évidente pour qu'on puisse s'y méprendre. Qu'a-t-il voulu? Faciliter le plus possible les demandes, tout en exigeant qu'elles soient soumises à des magistrats connaissant ou pouvant assez facilement connaître l'impétrant pour ne pas donner un avis au hasard. De cet exposé des motifs, il est facile de conclure que l'expression *domicile* ne doit s'entendre que du domicile civil général, défini par MM. Aubry et Rau en ces termes : « Le domicile est la relation juridique existant entre une personne et le lieu où cette personne est, quant à l'exercice de ses droits, et quant à l'accomplissement de ses obligations, toujours censée présente, quoiqu'elle ne s'y trouve pas à tel moment donné, ou que même elle n'y réside pas habituellement[1]. » Il ne faudrait pas l'étendre au domicile spécial, choisi pour l'exercice de certains droits ou l'accomplissement de certaines obligations. Quant à la résidence, il lui faut une certaine assiette. Le simple fait de se trouver dans un endroit qui constitue la résidence prise dans le sens le plus large du mot, ne saurait suffire.

---

1. Aubry et Rau, *Cours de droit civil*, t. I, p. 575 et 576.

Le maire, après avoir reçu la demande, doit, avant de l'envoyer à la préfecture, y ajouter son avis. Sur quoi porte cet avis ? Rien n'est plus simple ; la question de savoir si l'impétrant est propriétaire foncier, ou a obtenu d'un propriétaire foncier l'autorisation de chasser, est complétement en dehors de ses attributions ; il n'a donc qu'à déclarer si, à sa connaissance, l'impétrant se trouve ou ne se trouve pas dans une des catégories de personnes auxquelles la loi permet de refuser le permis de chasse[1]. Le permis, en effet, ne confère pas le droit de chasse, mais seulement l'exercice de ce droit. Il est inutile de dire, comme l'a d'ailleurs parfaitement fait remarquer le comte Roy dans la discussion[2], que l'avis du maire ne saurait lier le préfet qui reste aussi libre d'accorder le permis sur un avis défavorable que de le refuser sur un avis favorable. Mais le préfet lui-même n'est pas maître d'accorder ou de refuser le permis à sa guise. Il ne peut le refuser que dans les cas où la loi lui en confère le droit, ou bien lui en impose le devoir. La personne qui se prétendrait victime d'un refus qui ne trouverait pas sa légitimation dans la loi, aurait toujours le droit de recourir au ministre et même au Conseil d'État pour excès de pouvoir[3].

Avant de passer à l'examen des cas où la faculté d'accorder et de refuser le permis de chasse est lais-

1. Circ. du 20 mai 1844
2. Duvergier, t. XLIV, p. 114.
3. Conseil d'Etat, 13 mars 1867 ; D. 67, III, 98.

sée au préfet, il nous reste à étudier une question sur laquelle les auteurs sont loin d'être d'accord. Le permis a été détruit ou perdu. L'administration peut-elle en délivrer un duplicata, ou faut-il nécessairement une nouvelle demande précédée de l'acquittement de nouveaux droits? Dans tous les cas, disent certains auteurs[1] il faut une nouvelle demande et l'acquittement de nouveaux droits, comme l'exige d'ailleurs une circulaire du ministre de l'intérieur[2] qui engage les préfets à ne délivrer jamais ni duplicata, ni certificat. D'autres commentateurs font une distinction[3] : si le permis a été simplement perdu, ils adoptent l'avis précédent, car, disent-ils, le permis égaré pourrait tomber aux mains de quelqu'un qui s'en servirait. Deux personnes se prévaudraient ainsi du même permis. Mais dans le cas de destruction ou de mise hors d'usage du permis, l'inconvénient d'un double emploi ne pouvant plus se produire, ils admettent la délivrance du duplicata et citent à l'appui de leur distinction, une décision du ministre des finances qui autorise les préfets à remplacer les passe-ports et ports d'arme hors d'usage[4]. Pour nous, il nous paraît aussi impossible d'admettre la première que la seconde opinion. Dans aucun cas, ce nous semble, il n'est besoin de faire une nouvelle demande

1. Gillon et Villepin, n° 123. — Rogron, p. 524. — Viel, p. 13.
2. Circ. du 22 juill. 1834.
3. Giraudeau, p. 129, n° 404.
4. Circ. du Ministre des finances du 7 déc. 1826.

et d'acquitter de nouveaux droits. Qu'exige en effet la loi? Qu'un permis ait été délivré (art. 1er). Cette condition une fois remplie, le chasseur est à l'abri de toute poursuite, alors même qu'il n'en justifierait qu'à l'audience[1]. Aussi exiger, en cas de perte, une nouvelle demande et de nouveaux droits, c'est tout simplement ajouter à la loi, car la disparition du permis, qui n'a d'autre but que de constater la délivrance ne peut avoir pour effet d'annuler la délivrance elle-même, à laquelle seule est attachée l'exercice du droit de chasse. Mais en cas de poursuite, comment prouver qu'on est en règle? Rien de plus simple, il suffira de s'adresser à la préfecture où les souches de tous les permis doivent être conservées. Quant au danger du double emploi, danger qui a inspiré aux partisans du second système une distinction, il est à peine besoin d'en parler, puisque la loi a pris soin de prononcer une peine sévère contre ceux qui feraient usage d'un permis de chasse délivré sous un autre nom (C. P. art. 154 § 2) et que le titulaire lui-même s'exposerait à encourir la même peine comme complice (C. P. art. 59), s'il donnait la main à cette fraude.

1. Montpellier, 12 oct. 1846; D 47, V, 74.

§ 3. *Faculté de refuser.*

Le projet du gouvernement conférait au préfet la faculté de refuser le permis de chasse, dans tous les cas, sans autre condition que de faire immédiatement connaître ses motifs au ministre de l'intérieur qui devait statuer sans retard [1]. C'était livrer toutes les demandes à l'arbitraire de l'administration. La chambre des députés le comprit, et limita, dans la rédaction définitive, à un certain nombre de cas bien déterminés le pouvoir concédé au préfet de refuser le permis. Mais en même temps elle le dispensait de rendre compte de ce fait au ministre.

Art. 6. Le préfet pourra refuser le permis :

1° A tout individu majeur qui ne sera point personnellement inscrit, ou dont le père ou la mère ne serait pas inscrit au rôle des contributions ;

2° A tout individu majeur qui par une condamnation judiciaire, a été privé de l'un ou de plusieurs des droits énumérés dans l'article 42 du Code pénal, autres que le droit de port d'armes ;

3° A tout condamné à un emprisonnement de plus de six mois, pour rébellion ou violence envers les agents de l'autorité publique ;

4° A tout condamné pour délit d'association

---

1. Duvergier, t. XLIV, p. 80. — Art. 6 du projet de loi.

illicite, de fabrication, débit, distribution de poudre, armes ou autres munitions de guerre ; de menaces écrites ou de menaces verbales avec ordre ou sous condition ; d'entrave à la circulation des grains ; de dévastation d'arbres ou de récoltes sur pied, de plants venus naturellement ou faits de main d'homme ;

5° A ceux qui auront été condamnés pour vagabondage, mendicité, vol, escroquerie ou abus de confiance.

La faculté de refuser le permis de chasse aux condamnés dont il est question dans les paragraphes 3, 4 et 5 cessera cinq ans après l'expiration de la peine. »

La première catégorie comprend tous les individus qui ne sont pas personnellement inscrits, ou dont le père ou la mère ne serait pas inscrit au rôle des contributions. Une seule inscription suffit par conséquent, soit l'inscription de l'impétrant lui-même, soit l'inscription de son père, soit même celle de sa mère. Il ne faudrait pas aller plus loin, le législateur ayant à dessein employé les expressions père ou mère pour bien indiquer qu'il entendait exclure les ascendants.

Mais de quelles contributions s'agit-il ? De toutes puisque la loi ne distingue pas ; aussi bien de l'impôt personnel, que de l'impôt mobilier ou foncier : dans la discussion de la loi on s'est demandé si les redevances sur les mines, la taxe des chiens, la prestation en nature pour l'entretien des chemins vicinaux devaient être comprises dans le mot contribution employé par le législateur ? L'affirmative a été admise sans peine[1]. On a également reconnu que dans les villes où une partie du revenu de l'octroi sert à dégrever de l'impôt les petits loyers, ceux qui jouiraient de ce bénéfice seraient censés payer la contribution, car la loi n'exige pas le payement effectif, mais seulement l'inscription au rôle, inscription qui est maintenue pour mémoire dans l'hypothèse que nous venons d'indiquer[2].

Celui qui sollicite l'obtention d'un permis de chasse ne saurait être astreint à joindre à sa demande un extrait des rôles. C'est au préfet à se renseigner et non à l'impétrant à l'éclairer comme semblerait à tort l'exiger le ministre de l'intérieur[3]. Toutefois, il faut avouer, que souvent, en fait, la production d'un extrait des rôles sera le seul moyen efficace à opposer à un refus.

Dans la seconde catégorie se trouvent compris tous ceux qui, par une condamnation judiciaire, ont été privés de l'un ou de plusieurs des droits énumérés dans l'article 42 du Code pénal, autres que le droit de port d'armes.

Ces droits sont les suivants :

1° De vote et d'élection ;

2° D'éligibilité ;

3° D'être appelé ou nommé aux fonctions de juré

---

1. Duvergier, t. XLIV, p. 117.

2. Duvergier, t. XLIV, p. 118. — Petit, t. I, p. 452.

3. Circ. du 20 mai 1844.

ou autres fonctions publiques, ou aux emplois de l'administration, ou d'exercer ces fonctions ou emplois;

4° . . . .

5° De vote et de suffrage dans les délibérations de famille;

6° D'être tuteur, curateur, si ce n'est de ses enfants et sur l'avis seulement de sa familie;

7° D'être expert ou employé comme témoin dans les actes;

8° De témoignage en justice, autre que pour y faire de simples déclarations.

Les trois derniers numéros de notre article n'ont pas besoin de commentaire. Il suffit de les lire pour voir de suite les personnes qui y sont comprises. Toutefois il est bon de remarquer que les condamnations qui y sont énumérées doivent être définitives, c'est-à-dire non susceptibles d'opposition, d'appel ou de pourvoi en cassation, pour autoriser le préfet à refuser le permis.

Le législateur ajoute que la faculté de refuser le permis de chasse aux condamnés dont il est question dans les paragraphes 3, 4, 5, cessera cinq ans après l'expiration de la peine. Aucune difficulté ne saurait s'élever s'il s'agit d'un emprisonnement. Le délai de cinq ans commencera à courir du jour de la sortie de prison. Mais que décider en cas d'amende? Le délai courra-t-il à partir du payement?[1] ou du jour

—

1. Berriat, p. 65. — Dalloz, n° 143.

de la condamnation devenue définitive ? C'est ce second avis que nous croyons devoir adopter, comme
étant le plus conforme aux principes généraux d'a-
près lesquels il faut adopter le terme avautageux au
condamné [1].

Cette difficulté n'est pas la seule que soulève notre
article. Pourquoi, en effet, après avoir déclaré
qu'aux condamnés compris dans les paragraphes 3,
4, 5, il ne pouvait être refusé de permis cinq aus
après l'expiration de leur peine, le législateur ne
dit-il rien de ceux qui rentrent dans le second paragraphe ? Faut-il dire, comme le soutiennent quelques partisans à outrance du texte [2], qu'à ces condamnés il ne pourra jamais être délivré de permis,
ou bien au contraire ne doit-on pas y voir un simple
oubli et appliquer la prescription de cinq ans aussi
bien au paragraphe 2 qu'aux suivants [3] ? Pour notre
part nous croyons plutôt et nous ne sommes pas
seul de cet avis [4], qu'il n'y a ni oubli ni intention de
priver définitivement du permis de chasse toute une
classe de personnes. Le législateur n'a pas parlé du
paragraphe 2, parce qu'il n'avait rien à en dire, le
droit de refuser le permis de chasse cessant pour les
condamnés qu'il mentionne, non pas cinq ans après
l'expiration de la peine, mais le jour même de cette

---

1. Petit, t. I, p. 457. — Rogron, p. 94.
2. Giraudeau et Lelièvre, p. 147, n° 462.
3. Camusat-Busserolles, p. 76.
4. Berriat, p. 62. — Championnière, p. 40. — Rep. du
Palais, n° 193.

expiration. Cette doctrine a été trop clairement exposée par M. Duvergier, pour que nous ayons la prétention d'y ajouter quelque chose. Nous ne pouvons mieux faire que de reproduire textuellement sa savante dissertation : « On ne parle pas du paragraphe 2, parce qu'il n'y avait pas à en parler. L'incapacité cesse dès que la privation des droits énumérés en l'article 42 cesse. Qu'on veuille bien remarquer, en effet, que les peines dont il est question dans le paragraphe 2 consistent dans la privation de certains droits qui sont placés sur la même ligne que le droit de port d'armes ; en outre le temps durant lequel la privation est encourue est fixé par le jugement ou l'arrêt de condamnation. Or voici ce qui arriverait : celui qui aurait été privé du droit de port d'armes pendant une certaine période, pourrait, aussitôt que cette période serait expirée, exiger un permis de chasse; l'article 8 ne laisse aucun doute à ce sujet; et à ceux qui auraient été privés de droits se rattachant d'une manière moins immédiate au droit de chasse, on pourrait refuser le permis pendant 5 ans à compter du jour où la privation du droit aurait cessé. Certainement ce serait un résultat étrange et qu'il est impossible d'admettre. En outre presque tous les articles du code pénal qui prononcent ou autorisent à prononcer la privation des droits énumérés dans l'article 42, ajoutent que cette privation ne commencera à courir que du jour où la peine principale aura été subie, art. 86, 197, 388, 401, 405, 406, 410 ; en conséquence si la disposition finale de l'article dont je m'occupe était appliquée au cas dont il est question dans l'article 42, les peines se succéderaient et se prolongeraient indéfiniment, d'abord pendant toute la durée de la peine principale, puis à dater de l'expiration de cette peine pendant tout le temps de la privation des droits et encore cinq ans après. J'ajoute pour terminer que la nature même de la peine justifie mon opinion. On comprend très-bien que l'on n'accorde pas un permis de chasse à une personne le lendemain du jour où elle est sortie de prison, qu'à la peine corporelle on fasse succéder, pendant un certain temps, une certaine incapacité. Mais lorsque la peine elle-même est une incapacité, supposer qu'après son expiration commence une autre espèce d'incapacité, c'est prêter au législateur une combinaison dont il n'y a pas d'exemple et qui répugne à la nature même des choses[1]. »

Nous pourrions examiner dès à présent les deux questions suivantes : le préfet a-t-il le droit de retirer un permis de chasse délivré dans l'ignorance d'une des causes en vertu desquelles il pouvait le refuser ? Le même droit lui appartient-il quand, par une condamnation postérieure à la délivrance, très-régulière d'ailleurs, le titulaire du permis est tombé dans une des catégories énumérées par l'article 6? Mais il nous semble préférable de les joindre à celles qui peuvent se formuler dans les mêmes

1. Duvergier, T. XLIV, p. 110.

termes, alors que le préfet n'a plus seulement la faculté, mais le devoir de refuser le permis de chasse.

§ 4. *Nécessité de refuser.*

On pourrait être tenté de se demander pourquoi le législateur, au lieu de réunir dans une seule et même disposition tous ceux qui ne pourront pas obtenir de permis de chasse, déclare dans un premier article qu'à ceux-ci le permis de chasse ne devra pas être *délivré;* dans un second, qu'à ceux-là il ne devra pas être *accordé?* N'y a-t-il en cela qu'une simple différence de mots, bien justifiée d'ailleurs par la situation si différentes des personnes comprises dans nos deux articles? Ou bien faut-il y chercher une différence plus profonde? Les devoirs imposés au préfet ne seraient-ils pas les mêmes dans les deux cas? MM. Muteau et Crémieux vont se charger de la réponse : « La même prohibition ne pouvait pas frapper dans les mêmes termes des catégories différentes [1], on a employé un mot plus poli, moins grave, selon les catégories d'individus, voilà tout [2]. »

Voilà tout, et c'est pourquoi nous nous nous proposons de présenter dans un même paragraphe le

1. Duvergier, t. XLIV, p. 122. — Mateau, *Discussion de la loi.*

2. Duvergier, t. XLIV, p. 122. — Crémieux, *Discussion de la loi.*

commentaire des articles 7 et 8, qui, sous des expressions différentes, imposent au préfet le même devoir.

« Article 7. Le permis de chasse ne sera pas délivré :

1° Aux mineurs qui n'auront pas seize ans accomplis;

2° Aux mineurs de seize à vingt ans, à moins que le permis ne soit demandé pour eux par leur père, mère, tuteur ou curateur, porté au rôle des contributions ;

3° Aux interdits ;

4° Aux gardes champêtres ou forestiers des communes et établissements publics, ainsi qu'aux gardes forestiers de l'État et aux gardes-pêche; »

« Article 8. Le permis de chasse ne sera pas accordé :

1° A ceux qui, par suite de condamnations sont privés du droit de port d'armes ;

2° A ceux qui n'auront pas exécuté les condamnations prononcées contre eux pour l'un des délits prévus par la présente loi ;

3° A tout condamné placé sous la surveillance de la haute police. »

De nos deux articles, le premier édicte des incapacités, le second des indignités.

Sont incapables :

1° *Les mineurs de moins de seize ans.* Donc un permis de chasse ne pourra être délivré à un mineur avant le premier jour de sa dix-septième année.

Mais, en cas de doute sur son âge, devra-t-il produire un acte de naissance? Oui, souvent en fait[1]; mais il n'y saurait pas plus être contraint en droit que ne pourrait être forcé à fournir un extrait des rôles celui que le préfet n'y croirait pas inscrit.

2° *Les mineurs de seize à vingt ans s'ils font eux-mêmes leur demande.* Mais si la demande est adressée pour eux à l'administration par leur père, mère, tuteur ou curateur, le permis de chasse leur sera délivré. Cette règle est générale et comprend tout aussi bien les mineurs émancipés que ceux qui ne le seraient pas. Il est inutile d'ajouter que la demande ne sera efficament faite par la mère qu'à défaut du père, et par le tuteur ou curateur qu'à défaut du père ou de la mère.

Notre § se termine par ces mots : *porté au rôle des contributions.* On pourrait être tenté de croire qu'il faut toujours que les père, mère, tuteur ou curateur soient personnellement inscrits au rôle. Mais en rapprochant cette disposition du § 1 de l'article 6 on voit clairement, comme nous avons eu précédemment l'occasion de le dire, qu'une seule incription suffit, soit l'inscription du mineur lui-même, soit l'inscription de la personne qui fait la demande pour lui.

3° *Les interdits.* Sous cette dénomination très-générale il faut non-seulement comprendre l'interdiction légale qui n'est autre chose « que la privation à titre de peine de *l'exercice* des droits privés[2] » mais encore

1. Circ. du Ministre de l'intérieur du 20 mai 1844.
2. Mourlon, t. I, p. 117, n° 193.

l'interdiction judiciaire « que les tribunaux civils sont appelés à prononcer, dans l'intérêt des individus qui, à raison de la faiblesse ou de l'altération de leurs facultés intellectuelles, sont incapables de gouverner leur personne ou de gérer leurs biens[1]. » Nous ne croyons pas qu'il faille aller plus loin et comprendre dans la prohibition les personnes pourvues d'un conseil judiciaire (art. 513 Code civil). Celles-ci, il est vrai, pourront bien quelquefois participer un peu à la faiblesse d'esprit qui aura été cause de l'interdiction judiciaire des autres, mais à un degré moindre. Aussi serait-ce dépasser le but de la loi que de les assimiler aux interdits légalement privés à titre de peine des droits de permis de chasse et aux interdits judiciairement privés du même droit dans un but de protection.

4° *Les gardes des communes, des établissements publics et de l'État.*

La loi ne parle que des gardes champêtres, forestiers et de pêche, de l'État, des communes et des établissements publics. Ce qui indique clairement que les gardes des particuliers sont en dehors de la prohibition. Le ministre de l'intérieur l'a parfaitement compris : « Vous remarquerez, sans doute, dit-il aux préfets, que les gardes des particuliers ne sont pas compris dans l'exclusion prononcée par le § 4 de l'article 7 ; on comprend en effet que les propriétaires fonciers veulent quelquefois faire chasser par

---

1. Aubry et Rau, t. I, p. 510.

leurs gardes. Vous ne refuserez donc pas le permis de chasse aux gardes particuliers[1]. » Jusqu'ici rien de plus exact, mais malheureusement le ministre ajoute : « Mais vous ferez sagement de les inviter à justifier de l'autorisation des propriétaires dont ils sont les agents. » Ce que le ministre conseille comme une sage précaution, nous le considérons comme un excès de pouvoir dont les tribunaux feraient sans aucun doute justice si jamais un préfet refusait un permis de chasse à un garde particulier pour défaut d'autorisation de son maître. La loi en effet n'a-t-elle pas nettement posé le principe de la libre obtention du permis de chasse sous la seule réserve de quelques cas spécialement prévus par le législateur? Or nous venons de constater que le garde particulier n'était compris dans aucun de ces cas.

La prohibition est donc restreinte aux seuls gardes de l'État, des communes et des établissements publics; mais elle frappe aussi bien les gardes temporaires, (gardes-coupes, gardes-vignes ou messiers) que les gardes permanents[2]. La généralité des termes employés par le législateur ne saurait laisser de doute à ce sujet.

Nous venons d'examiner les quatre classes d'incapables énumérées par l'article 7; il nous reste à étudier les cas d'indignité prévus par l'article 8.

Sont indignes : 1° *Ceux qui, par suite de condam-*

---

1. Circ. du Ministre de l'intérieur du 20 mai 1844
2. Duvergier, *Recueil des lois*, t. I, p. 121.

nations, *sont privés du droit de port d'armes.* Mais quelles sont les condamnations qui entraînent avec elles la privation de ce droit? Les articles 28, 34 et 42 du Code pénal nous donnent la réponse. Ce sont les condamnations aux travaux forcés à temps, à la détention, à la réclusion, au bannissement ou à la dégradation civique, et en outre toutes celles qui sont prononcées par les tribunaux jugeant correctionnellement, s'ils veulent user de la faculté qui leur est réservée par l'article 42.

On s'est demandé si l'indignité qui nous occupe était temporaire ou perpétuelle, en d'autres termes, s'il serait à jamais interdit aux personnes comprises dans le 1° de notre article, d'obtenir un permis de chasse. La majorité des auteurs [1] a décidé avec raison que l'interdiction n'était que temporaire.

2° Ceux qui n'auront pas exécuté les condamnations prononcées contre eux pour l'un des délits prévus par la présente loi. Il est inutile de faire remarquer que la remise de la peine équivaut à l'exécution du jugement de condamnation. Nous pensons également que la prescription de la peine doit lui être assimilée. Mais nous ne saurions admettre que le défaut de poursuite résultant de la production par le condamné d'un certificat d'indigence puisse produire le même effet [2].

S'il y a doute sur l'exécution d'une condamnation,

---

1. Championnière, p. 53. — Dalloz, n° 155. — Gillon et Villepin, n° 165.

2. Petit, t. I, p. 462. — Giraudeau, 156.

à qui incombera la charge de la preuve? Le ministre de l'intérieur ne craint pas de l'imposer à l'impétrant : « Lorsqu'un impétrant, dit-il, aurait, à votre connaissance, subi une condamnation pour délit de chasse, en vertu de la loi du 3 mai dernier, vous devrez exiger de lui la preuve qu'il a exécuté la condamnation encourue[1]. » Pour nous, nous donnons la même solution que dans le cas où il y a incertitude sur l'inscription aux rôles des contributions ou sur l'âge d'un mineur. Nous pensons donc, avec la généralité des auteurs, que c'est au préfet à se renseigner et non à la partie intéressée à lui procurer la preuve qui lui manque. Mais, comme dans les deux cas précédents, nous sommes obligé d'admettre qu'en fait l'impétrant sera forcé de fournir cette preuve, si on lui refuse le permis. C'est, en effet, le seul moyen de triompher de l'obstination du préfet.

3° *Tout condamné placé sous la surveillance de la haute police.* — Sans vouloir énumérer toutes les personnes comprises dans cette dernière prohibition, nous pouvons en indiquer quelques-unes et faire remarquer la destinction établie par le Code pénal lui-même entre les cas où cette surveillance est obligatoire et ceux où elle n'est que facultative.

Aux termes des articles 47, 48, 49 et 282 C. p., devront être renvoyés sous la surveillance de la haute police, les coupables condamnés aux travaux forcés à temps, à la détention, à la réclusion, au

[1]. Circ. du 20 mai 1844.

bannissement; ceux qui auront été condamnés pour crimes ou délits intéressant la sûreté intérieure ou extérieure de l'État; les mendiants qui auront été condamnés aux peines portées par les articles 277, 278, 279.

Au contraire, les personnes mentionnées dans les articles 343 et 401 du Code pénal ne devront pas nécessairement être renvoyées sous la surveillance de la haute police; mais le jugement pourra les condamner à cette peine. Nous ne faisons qu'indiquer ces articles comme exemple. Ils ne sont pas les seuls que le législateur ait eus en vue, quand il écrivait l'article 50 C. p., qui dit : « Hors les cas déterminés par les articles précédents, les condamnés ne seront placés sous la surveillance de la haute police de l'État que dans le cas où une disposition particulière de la loi l'aura permis. »

Avant de passer à l'examen des droits conférés par le permis de chasse, il nous reste encore à étudier les deux questions que nous n'avons fait que mentionner en commentant l'article 6.

Une personne parfaitement capable au moment où elle demande et obtient un permis de chasse, est interdite quelque temps après ou subit une condamnation qui la fait rentrer dans la classe des personnes auxquelles le préfet peut (art. 6) ou doit (art. 7 et et 8) refuser le permis de chasse, pourra-t-on lui retirer son permis? Non, disent certains auteurs, ce permis continuera à produire son effet jusqu'à l'expiration du temps pendant lequel il conférait l'exercice du droit de chasse. Une seule exception doit être apportée à cette règle : si l'aliénation d'une personne munie d'un permis était de nature à compromettre la sûreté publique, il appartiendrait au préfet de requérir sa détention, conformément à la loi du 30 juin 1838 sur les aliénés [1]. D'autres, au contraire, soutiennent que le préfet pourra retirer le permis aux personnes qui se trouveraient dans cette situation ; mais nous ne saurions partager leur avis, car nous ne voyons nulle part dans la loi ce droit conféré à l'administration [2].

Une autre question non moins délicate est celle de savoir s'il est permis au préfet de retirer le permis de chasse délivré par erreur à une personne comprise dans les articles 6, 7 et 8? Le préfet a délivré un permis de chasse à quelqu'un qu'il croyait inscrit au rôle des contributions et qui ne l'était pas, ou à un condamné, qui se trouvait placé sous la surveillance de la haute police; pourra-t-il, dans ce cas et autres semblables, retirer le permis de chasse? Oui, sans aucun doute, disent certains auteurs [3]. Le préfet a eu tort d'accorder un permis de chasse : lui permettre de le retirer c'est lui fournir le moyen de réparer sa faute, et d'ailleurs comment admettre qu'un droit puisse naître d'une erreur? Ces raisons ont entraîné le ministre de l'intérieur et lui ont fait

1. Petit, t. I, p. 466. — Girandeau, p. 150.
2 Duvergier, p. 122. Berriat, p. 51.
3. Gillon et Villepin, n° 170. — Championnière, p. 90. — Rouen, 2 mars 1844; D. 45, 2, 41.

écrire aux préfets : « Aussi ajouterai-je que si, par l'effet d'une erreur, vous aviez été entraîné à délivrer un permis de chasse à un individu à qui il n'eût pas dû être accordé, vous ne devriez pas hésiter à le retirer [1]. »

Malgré la force de ces considérations, nous pensons, avec le plus grand nombre des auteurs [2], que dans ce cas pas plus que dans le précédent, il n'est permis au préfet de retirer le permis de chasse. Lui concéder ce droit pour les personnes comprises dans l'article 6, ce serait lui permettre de revenir arbitrairement sur sa décision, sous prétexte d'erreur : quant aux personnes dénommées aux articles 7 et 8, tout en reconnaissant que le retrait du permis serait préférable, nous ne pouvons l'admettre sans un texte qui l'autorise.

Un arrêt de la cour de Douai [3] a voulu établir une distinction entre les cas prévus par l'article 6 et ceux prévus par les articles 7 et 8. Dans les premiers, le retrait ne pourrait avoir lieu, tandis qu'il serait permis dans les seconds. Nous reconnaissons que cette distinction serait très-rationelle, mais nous ne pouvons l'admettre, car elle n'a aucun fondement dans la loi.

1. Circ. du Ministre de l'intérieur, 20 mai 1844.
2. Berriat, p. 75. — Dalloz, t.° 160. — Petit, t. I, p. 467. — Rognon, art. 8, p 102. — Cass., 28 janv. 1858; D. 58, 1, 232.
3. Douai, 7 mars 1853.

§ 5. *Droits conférés par le permis de chasse.*

Le permis de chasse est essentiellement personnel. Le législateur a pris soin de le dire dans le § 3 de l'article 5 : « les permis de chasse sont personnels » quoique cela résulte déjà très-clairement de l'article 1er : « Nul ne pourra chasser s'il ne *lui* a pas été délivré un permis de chasse, » et de l'article 9 : « dans le temps où la chasse est ouverte, le permis donne à *celui qui* l'a obtenu, le droit de chasser, etc. »

Dès lors, la femme[1] pas plus que le fils où le serviteur de celui qui a obtenu un permis de chasse, ne peuvent s'en prévaloir. Le droit qui résulte de la délivrance est exclusivement attaché à la personne de l'impétrant, et le Code pénal édicte une peine sévère contre celui qui chercherait, au moyen d'un faux permis, à tromper les agents préposés à la constatation des délits de chasse. Art. 154 § 2, Code pénal : « La même peine (de trois mois à un an de prison) sera applicable à tout individu qui aura fait usage d'un passe-port, ou d'un permis de chasse délivré sous un autre nom que le sien. »

Cette règle a besoin d'être bien comprise. Il ne faudrait pas l'étendre au delà des limites qui lui ont

---

1. Tribunal de Cambrai, *Gaz. des tribunaux* du 21 nov. 1859.

été assignées par la loi. Ce serait, en effet, commettre une étrange erreur que d'appliquer l'article 154 à un jeune homme, qui aurait cru pouvoir chasser avec le permis délivré à son père : dans ce cas, il ne devrait pas être condamné à un emprisonnement de trois mois à un an, mais à une amende de 16 à 100 francs pour avoir chassé sans permis (article 11 § 1). Il en serait ainsi de toute autre personne qui aurait agi de même ; car l'article 154 C. p., n'est applicable que dans le cas de fraude. Il faut que celui, qui a chassé avec un permis délivré à un autre, ait eu l'intention de faire croire qu'il en était bien lui-même le titulaire.

Cette interprétation de l'article 154, C. p., nous semble à l'abri de toute critique. Elle se justifie parfaitement en raison, et nous paraît imposée, par l'ensemble des autres dispositions de la loi, qui toutes supposent la mauvaise foi. L'article 153, en effet, punit d'un emprisonnement de six mois à trois ans, ceux qui fabriquent de faux permis de chasse, ou qui falsifient un permis de chasse originairement valable, ceux qui font usage d'un permis de chasse fabriqué ou falsifié, et l'article 154, § 1, punit de trois mois à un an de prison, celui qui prend dans un permis de chasse un nom supposé, ou celui qui concourt, comme témoin, à faire délivrer le permis de chasse, sous le nom supposé, tout comme il punit l'individu qui fait usage d'un permis de chasse délivré sous un autre nom que le sien.

Les tribunaux ont été souvent saisis de la question de savoir, si les traqueurs ou rabatteurs, devaient être munis de permis de chasse? Ils ont presque unanimement décidé qu'ils devaient en être dispensés[1]. Tandis qu'ils reconnaissent généralement que les piqueurs y doivent être soumis[2].

La raison de cette différence nous paraît assez clairement déduite par les arrêts rendus sur ce sujet, pour qu'il nous soit permis de poser en principe, que tout individu dont le rôle se borne à seconder le chasseur, sans jamais accomplir par lui même un acte principal de chasse, doit être dispensé du permis. Tandis que celui qui, auxiliaire habituel du chasseur, accomplit néanmoins quelquefois par lui-même un acte principal de chasse, doit y être soumis.

Appliquons cette règle aux rabatteurs et aux piqueurs. Quel est le rôle des premiers? Faire passer le gibier aux chasseurs. Être en un mot leurs auxiliaires absolument comme le chien qui découvre le gibier et le leur indique.

Aussi, la jurisprudence les dispense-t-elle avec juste raison du permis. Le piqueur, au contraire, bien qu'il soit le serviteur du chasseur, n'en fait pas moins acte principal de chasse dans bien des cas;

1. Cass., 8 mars 1845 ; D. 45, I, 172. — Nancy, 7 nov. 1844. — Rouen, 10 déc. 1846. — Toulouse, 8 janv. 1846; D, 47, IV, 71. — Bordeaux, 20 déc. 1865; D. 66, II, 52.

2. Orléans, 20 mai 1846. — *Gaz. des tribunaux* du 20 juin 1846. — Cass., 18 juin 1846. — *Gaz. des tribunaux* du 19 juill. 1846.

souvent il chasse sans son maître pour tenir sa meute
en haleine, et quand son maître est présent, il n'est
pas rare qu'il donne à la bête forcée par ses chiens le
coup de grâce. Il fait donc acte principal de chasse
et doit être soumis au permis.

Après avoir déclaré que les permis de chasse sont
personnels, le § 3 de l'article 5 ajoute : « Ils sont
valables pour tout le royaume et pour un an seulement. » Dans la discussion de la loi on proposa de
ne le r donner efficacité dans les départements autres que celui de la délivrance, qu'après un visa
spécial pour chaque département. La motion fut repoussée. Les permis de chasse sont donc par eux-mêmes valables dans toute la France, y compris l'Algérie.

Ils sont valables pour une année. Mais quel est
le point de départ de cette année, et quand ex-
pire-t-elle? La jurisprudence paraît définitivement
fixée; elle assigne justement, croyons-nous, comme point de départ la date mise par le préfet
sur le permis de chasse[1]. L'expiration du délai
soulève, au contraire, dans la doctrine comme dans
la jurisprudence, de nombreuses contradictions.
Quelques auteurs, trop esclaves du texte, prétendent
que le droit conféré par le permis expire la veille du
jour anniversaire de la délivrance[2]. Par ces mots,
« *un an seulement,* » le législateur, disent-ils, a bien

1. Cass., 24 sept. 1847. — Cass., 4 mars 1848. — Cass.,
7 juillet 1849.

2. Grenoble, 11 nov. 1841. — Cass., 17 mai 1828. — Petit,
t. I, p. 472 et suivantes. — Duvergier. t. XLIV, p. 116.

fait comprendre que le jour anniversaire de la délivrance était en dehors de l'année, car il ne saurait y
avoir deux premiers septembre ou deux 25 août dans
la même année. D'autres, au contraire, et nous nous
rangeons pleinement à leur avis, pensent que le jour
anniversaire de la délivrance doit être compris dans
l'année, sinon le permis de chasse ne conférerait
jamais en fait l'exercice du droit de chasse pendant
une année entière. Sans doute, comme nous aurons
bientôt l'occasion de le voir, il est permis de chasser avant d'avoir reçu son permis, pourvu qu'on
puisse prouver que la date apposée par le préfet était
antérieure à la poursuite; mais on trouvera dans la
pratique peu de personnes assez téméraires pour agir
de la sorte. Et quand même il en serait ainsi, n'est-il
pas de principe qu'il faut appliquer la règle commune dès qu'on n'y a pas formellement dérogé?
Or qui ne connaît la maxime : *Dies a quo non com-
putatur in termino :* et où trouver, dans notre loi, la
disposition qui y déroge[1]?

Tout le monde reconnaît que rien ne peut remplacer le permis de chasse, pas plus la quittance du
percepteur constatant l'acquittement des droits[2],
qu'un certificat du maire attestant que la demande

1. Cass., 22 mars 1850; D. 50, V, 60. — Orléans, 14 nov.
1851; D. 55, V, 74. — Circul. ministérielle du 22 juill. 1851.
— Berriat Saint-Prix, p. 48 et 59. — Dalloz, répertoire n° 127.
— Giraudeau, n° 430.

2. Instruction de la comptabilité générale des finances, du
18 juill. 1844; D. 45, III, 74.

a été transmise à la préfecture avec un avis favorable. Il est aussi universellement admis que celui qui a obtenu un permis de chasse n'est pas forcé d'en être porteur au moment où il est invité à en justifier. Il suffit qu'il fournisse cette preuve à l'audience[1]. Mais on est loin de s'entendre sur le point de savoir si la personne, poursuivie pour avoir chassé sans permis et acquittée par suite d'une justification tardive, doit ou non, être condamnée aux frais? Nous n'hésitons pas à déclarer que la condamnation aux frais ne peut pas être prononcée. Les articles 162 et 168 du Code d'instruction criminelle nous semblent avoir posé trop nettement ce principe pour qu'il soit permis d'en douter[2]. Cependant on nous objecte que si le Code d'instruction criminelle, en disant (art. 162) : « La partie qui succombera sera condamnée aux frais; » et art. 368 : « L'accusé ou la partie civile qui succombera sera condamné aux frais, » a par là même déclaré que la partie qui ne succombe pas, ne peut être condamnée aux frais. Il n'en existe pas moins un autre principe qui veut que les frais soient à la charge de la personne absoute si les poursuites ont été occasionnées par sa faute[3]. Sans vou-

1. Montpellier, 20 oct. 1846; D. 46, V," 74. — Cass., 15 déc., 1855; D. 56, I, 95. — Petit, t. I, p. 482 à 191.

2. Championnière, p. 88. — Camusat-Busserolles, p. 35. — Petit, t. I, p. 484. — Rogron, sur l'art. 11 de la loi de 1844. — Cass., 6 mars 1846. — Rouen, 1er fév. 1850. — Lyon, 21 janv. 1868.

3. Berriat, p 127. — Houël, n° 107. — De Neyremand, p. 196. — Cass., 8 mai 1845.

loir contester l'exactitude de cette règle, il nous est impossible d'admettre qu'il y ait une faute quelconque à reprocher au chasseur; car la loi ne lui impose nulle part l'obligation d'être toujours porteur de son permis.

Le permis de chasse a pour effet de conférer à celui qui l'obtient, non pas le droit de chasse qui appartient au propriétaire, comme tous les autres droits accessoires de la propriété, mais l'exercice de ce droit. Sans vouloir examiner au fond la légalité et l'utilité de cette restriction mise au libre exercice du droit de propriété *dans un but purement fiscal,* nous devons indiquer la différence qui existe entre le droit de chasse lui-même et l'exercice de ce droit; ce sera répondre en même temps à une objection qui nous a été faite en ces termes : dire que le permis de chasse ne confère que l'exercice du droit de chasse et non le droit lui-même, c'est une pure subtilité juridique; car à quoi bon avoir un droit qu'on ne peut exercer ? La réponse est facile, et fera apparaître clairement l'intérêt de la distinction. Le propriétaire qui ne prend pas de permis de chasse n'a-t-il pas cependant le droit incontestable de louer ou de donner sa chasse ; donc il a le droit de chasser, car on ne saurait céder ce qui ne vous appartient pas, (*nemo dat quod non habet*), et pourtant il n'en a pas l'exercice.

Ce point une fois admis, et il est incontestable, nous devons rechercher où, quand, et comment le droit de chasse peut être exercé par celui qui a obtenu un permis. La résolution de ces trois questions sera l'objet du chapitre suivant.

SECTION III.

DÉTERMINATION DU TEMPS, DES LIEUX, ET DES MOYENS AUXQUELS EST SUBORDONNÉ L'EXERCICE DU DROIT DE CHASSE.

Il importe, avant tout, de bien préciser le sens qui nous attachera aux mots *temps*, *lieux*, et *moyens*. Par *temps*, nous ne voulons pas indiquer l'ouverture et la fermeture qui ont fait l'objet de la section première de ce chapitre, mais uniquement le jour, par opposition à la nuit pendant laquelle le législateur interdit absolument la chasse. Les *lieux*, dans notre pensée, signifient les terres sur lesquelles nous avons par nous-mêmes ou par concession, le droit de chasse. Enfin les *moyens* sont les modes de chasse seuls admis par le législateur dans l'article 9 de notre loi.

§ 1. *Du temps.*

En autorisant à chasser *de jour*, le législateur (art. 9) a clairement manifesté sa volonté d'interdire la chasse pendant la nuit. Les motifs de cette prohibition nous sont révélés par le garde des sceaux dans l'exposé des motifs du projet présenté à la Chambre des députés. « C'est elle surtout, dit-il, en parlant de la chasse de nuit, qui devient la cause d'un grand nombre de meurtres ou de crimes contre les personnes. » Et le rapporteur ajoute : « La loi a voulu que la chasse ne pût avoir lieu que pendant le jour, autant par motif de sûreté générale que dans l'intérêt d'une surveillance utile. »

La défense est absolue et comprend toute espèce de chasse[1]. Aucun doute ne peut s'élever à cet égard. Mais que faut-il entendre par cette expression *de jour*? Faut-il s'en référer à l'annuaire du bureau des longitudes et dire que le jour comprend tout le temps qui s'écoule entre le lever et le coucher du soleil indiqué par cet annuaire[2]? Faut-il, au contraire, appliquer l'une des deux règles édictées par le Code de procédure? Et dans ce cas laquelle des deux? Car l'article 781 § 1, dit : « Avant le lever et après le coucher du soleil, » et l'article 1037 déclare « qu'aucune signification ni exécution ne pourra être faite, depuis le 1er octobre jusqu'au 31 mars, avant six heures du matin et après six heures du soir; et depuis le 1er avril jusqu'au 30 septembre avant quatre heures du matin et après neuf heures du soir. »

Cette seconde explication ne nous semble pas plus admissible que la première. L'une et l'autre nous

1. Petit, t. I, p. 403 à 405.
2. Dijon, 11 nov. 1846. — Colmar, 20 janv. 1857.

paraissent aller à l'encontre de la pensée du législateur qui a été, comme nous ne tarderons pas à le voir, de s'en référer non pas à une fiction, mais à la réalité des faits. De plus, rien n'autorise à étendre par analogie aux matières criminelles une règle posée en matière civile. Et alors même qu'on serait tenté de le faire, on se trouverait en face d'une nouvelle difficulté, l'opinion dominante[1] se refusant à admettre que l'article 784 du Code de procédure puisse être expliqué par l'article 1037 du même Code. Si chacun de ces deux articles contient une règle différente, laquelle devra-t-on appliquer? Dans l'impossibilité de le décider, il nous semble préférable de laisser aux tribunaux le soin d'apprécier, suivant le cas, si la chasse a eu lieu de jour ou de nuit. Mais comme il faut toujours tracer une règle qui puisse guider la jurisprudence, nous serions d'avis d'assigner au jour la durée que lui donne le langage usuel, c'est-à-dire l'espace compris entre l'aube et le crépuscule[2]. Il s'écoule, en effet, entre l'aube et le lever du soleil, de même qu'entre le coucher du soleil et la fin du crépuscule un temps qui, sans être le jour, n'est pas encore la nuit. Chasser dans cet intervalle sera puni ou défendu suivant qu'on se rapprochera plus ou moins du jour ou de la nuit, comme l'a fort bien dit le rapporteur à M. de Boissy qui se plaignait à la Chambre des pairs de voir par

1. Boitard, édition Colmet-d'Aage, t. II, p. 483.
2. Paris, 27 nov. 1856. — Lyon, 24 janv. 1861. — De Neyremand, p. 384.

ce mot de *jour*, ériger en délit la chasse à l'affût. Il lui fut répondu que la commission avait entendu prohiber d'une manière absolue la chasse pendant la nuit; qu'il avait été compris que très-souvent la chasse à l'affût avait lieu dans un temps très-rapproché de la nuit, soit le matin, soit le soir, mais qui n'est pas la nuit, et que la commission s'était bornée à poser le principe de l'interdiction de la chasse pendant la nuit, en laissant aux tribunaux l'appréciation des circonstances.

§ 2. *Des lieux.*

Le permis de chasse donne à celui qui l'a obtenu le droit de chasser sur ses propres terres, et sur les terres d'autrui avec le consentement de celui à qui le droit de chasse appartient (art. 9.) Le consentement est présumé quand le propriétaire du terrain ne met pas obstacle à ce qu'on chasse chez lui. Nous n'avons pas à revenir ici sur ce que nous avons dit dans la section troisième du chapitre 1er. Nous y avons successivement passé en revue toutes les personnes auxquelles appartient le droit de chasser. A celles-là, le permis donne l'exercice du droit qui leur appartient. Aux autres, il confère aussi l'exercice du droit de chasser, mais sous la condition qu'elles acquerront le droit lui-même.

11

Avant de passer à l'examen des procédés de chasse autorisés par la loi, nous croyons devoir étudier la question de savoir dans quel cas le passage des chiens courants sur le terrain d'autrui peut ne pas constituer un délit. Le § 2 de l'article 11 est ainsi conçu : « Pourra ne pas être considéré comme délit de chasse, le fait du passage des chiens courants sur l'héritage d'autrui, lorsque ces chiens seront à la suite d'un gibier lancé sur la propriété de leurs maîtres, sauf l'action civile, s'il y a lieu, en cas de dommage. »

Cette disposition n'a pas pour but de créer le droit de suite qui permettrait au chasseur de continuer à poursuivre sur le terrain d'autrui et contre la volonté du propriétaire, l'animal lancé sur le sien. Ce droit a été trop formellement repoussé par les articles 1er, § 2; 9 et 11, § 2, qui exigent impérieusement l'autorisation du propriétaire, pour qu'il soit permis de se méprendre sur la véritable pensée du législateur. En écrivant le paragraphe qui nous occupe, il a seulement voulu créer à la règle générale une exception dont il nous faut préciser la portée. Trois conditions sont indispensables pour qu'on puisse l'invoquer : 1° Il faut qu'il s'agisse de chiens courants; 2° qu'il n'y ait que passage sur le terrain d'autrui; 3° que le gibier ait été lancé sur la propriété du maître des chiens. Si l'une de ces trois conditions fait défaut, nous sommes en dehors de l'exception, et dans le cas même où elles seraient toutes trois réunies, le juge peut aussi bien condamner qu'acquitter.

D'abord il faut qu'il s'agisse de chiens courants,
ce qui ne veut pas dire que le passage d'un chien
d'arrêt sur la propriété d'autrui constitue nécessairement un délit. Rien en effet ne s'oppose à ce que
je traverse un champ qui ne m'appartient pas, suivi
d'un chien d'arrêt que je tiens en laisse, ou que
j'empêche de s'écarter. Dans ce cas, je ne chasse pas
et ne puis encourir que la responsabilité de l'article 1382 du Code civil, si je cause quelque dommage par mon passage. Il en serait de même si je
tuais une pièce de gibier sur mon fonds et qu'elle
allât tomber sur le fonds d'autrui. Dans ce cas encore, mon chien, en allant la chercher, ne fait pas
acte de chasse.[1]. Le propriétaire du terrain sur lequel la pièce est tombée peut, il est vrai, m'empêcher d'aller la chercher, et par conséquent de l'envoyer chercher par mon chien, à la condition toutefois de me la rendre, mais ce n'est pas en vertu de
la loi de 1844, mais bien des principes généraux sur
la propriété. Il faut admettre enfin, conformément
à la doctrine commune qui répute le chasseur propriétaire du gibier dès l'instant où il est assez grièvement blessé ou suffisamment fatigué pour ne plus
pouvoir lui échapper, que le passage d'un chien
d'arrêt poursuivant sur le terrain d'autrui un animal ainsi blessé ou fatigué, ne peut tomber sous le
coup du § 2 de l'article 11.

Quelle a donc été la pensée du législateur? Il a

1. Villequez, *Du droit du chasseur sur le gibier*, p. 38.

voulu que dans un cas le fait de chasse accompli par des chiens sur le terrain d'autrui puisse être innocenté. Et s'il n'a parlé que des chiens courants, c'est que le plus souvent ils chassent loin de leur maître et ne peuvent par conséquent être arrêtés par lui au moment où ils vont passer les limites de sa propriété, tandis que le chien d'arrêt qui doit être toujours près de son maître, est censé pouvoir être maintenu.

Dans la discussion de la loi, le garde des sceaux a dit : « Il est bien entendu que si le chasseur entre sur la propriété d'autrui, il commettra un délit. » De ces paroles, on pourrait être tenté d'induire qu'il est interdit au chasseur d'entrer sur la propriété d'autrui même pour rompre ses chiens. Ce serait bien mal saisir la pensée du législateur qui perme d'invoquer l'exception qui nous occupe dans le cas où le chasseur n'a pu empêcher ses chiens d'entrer sur la propriété de son voisin. Par là il a clairement manifesté sa volonté de permettre au chasseur de réparer, en allant reprendre ses chiens, le tort qu'il lui a été impossible d'éviter[1].

Il faut ensuite qu'il n'y ait que passage des chiens sur le terrain d'autrui. Cela ne veut pas dire qu'il ne faut pas que les chiens chassent. Nous venons de voir au contraire que l'exception n'a sa raison d'être que dans ce cas. Mais il faut que les chiens chassent seuls, et que si leur maître entre sur un terrain d'au-

---

1. Villequez, *Droit du chasseur sur le gibier*, p. 31.

trui pour les rompre, il ne puisse y avoir aucun doute sur ses intentions. Si au lieu de chercher à rompre ses chiens il continuait à chasser avec eux, il ne pourrait invoquer le bénéfice de l'article[1].

Il faut enfin que le gibier suivi sur le terrain d'autrui ait été lancé sur celui du propriétaire des chiens. En cas de doute, qui devra faire la preuve ? Le chasseur, qui invoque le bénéfice de l'exception, d'après la règle bien connue, en vertu de laquelle c'est à celui qui invoque un fait contraire au droit commun à le prouver.

§ 3. *Des moyens.*

Il n'y a que trois modes de chasses autorisés par la loi. L'article 9 les indique en ces termes : « . . . . Le permis donne. . . . le droit de chasser . . . à tir et à courre. Tous autres moyens de chasse, à l'exception des furets et des bourses destinées à prendre le lapin, sont formellement prohibés. »

Par conséquent, en dehors de la chasse à tir, de la chasse à courre et de la chasse aux lapins avec bourses et furets, tous les autres procédés sont interdits. Dans la discussion de la loi on avait proposé d'ajouter aux mots *à tir et à courre*, ceux-ci : *et à l'oiseau*, ce qui aurait eu pour résultat de faire re-

____

[1]. Orléans, 12 mai 1846. — Cass., 18 juill. 1846.

vivre la fauconnerie. Mais l'amendement fut repoussé. On avait également proposé de supprimer les mots *pour prendre les lapins* qui suivent ceux-ci : *à l'exception des furets et des bourses;* mais l'amendement fut également repoussé comme étant inutile. Les renards et blaireaux, en effet, que l'amendement avait pour but de comprendre dans la nouvelle disposition, sont des bêtes fauves, et peuvent comme telles être détruites, *même avec des armes à feu et en tout temps* (art. 9, § 3).

La chasse à tir est celle qui s'exerce avec ou sans chien, au moyen d'une arme destinée à tuer le gibier[1]; la chasse à courre consiste dans la poursuite du gibier faite par des hommes ou des chiens[2]; enfin la chasse au furet est celle qui se pratique au moyen d'un furet qu'on fait entrer dans un terrier après en avoir bouché toutes les issues, avec de petits filets nommés bourses, dans lesquels les lapins viendront se précipiter en voulant échapper au furet qui les poursuit.

Voilà les trois genres de chasse autorisés par la loi. Ils comportent chacun un certain nombre d'espèces différentes qui sont aussi permises que le genre auquel elles appartiennent. C'est ainsi que la chasse à l'affût, la chasse au miroir[3], qui ne sont que des espèces de chasses à tir, sont aussi permises que la

---

1. Petit, t. I, p. 12.
2. Petit, t. I, p. 22.
3. Grenoble, 2 janv. 1843. — Besançon, 12 janv. 1866. — Rogron, p. 170 et 171.

chasse au chien d'arrêt ou la chasse au chien courant.

Si on venait à hésiter sur le point de savoir si tel fait de chasse est licite ou non, il faudrait pour trancher la question se demander s'il peut rentrer dans l'un des trois genres seuls déclarés permis par le législateur. Y peut-il rentrer? il est licite; il est prohibé dans le cas contraire.

Cette règle n'est pas sans exceptions; mais le législateur a pris soin de les indiquer. La chasse au chien lévrier paraît bien en effet n'être qu'une espèce de chasse à courre, et celle avec appeaux, appelants et chanterelles une sorte de chasse à tir; aussi, dans l'art. 12, § 6, la seconde est prohibée d'une manière absolue, et dans le § 2 de la seconde disposition de l'art. 9 la chasse au lévrier n'est autorisée que dans le cas où le préfet l'a permise pour la destruction des animaux nuisibles.

L'article 12, § 2 et 5, doit être combiné avec l'article 9 pour bien saisir toute la portée de la prohibition. Il interdit la chasse à l'aide d'engins, instruments prohibés, drogues ou appâts destinés à enivrer le gibier, ou par tous autres moyens que ceux autorisés par l'article 9. Par *engins prohibés*, il faut entendre tout instrument ou moyen de chasse inanimé procurant par lui-même la capture ou la destruction du gibier[1] : ainsi filet, collet, lacet, piéges de toute espèce. Les drogues ou appâts sont les substances

---

[1] De Neyremand, p. 143.

qui ont la propriété d'empoisonner ou d'endormir le gibier et d'en faciliter ainsi la capture. Les appeaux, appelants et chanterelles dont parle le § 4 de notre article sont, les premiers, des espèces de sifflets au moyen desquels on imite le cri de réclame des oiseaux. L'appelant est l'oiseau captif dont on se sert pour attirer par ses cris les oiseaux de son espèce. Enfin la chanterelle est la poule perdrix ou la caille femelle dont on se sert comme appelant[1].

Le § 3 de l'article 9 punit ceux qui seront détenteurs, ou ceux qui seront trouvés munis ou porteurs, hors de leur domicile, de filets engins et autres instruments de chasse prohibés.

On s'est demandé, au regard de cette disposition, si la détention seule d'un engin prohibé pouvait être punie même dans le cas où il serait évident que le détenteur n'a pu ni voulu s'en servir? Ou bien, au contraire, s'il fallait la réunion de circonstances pouvant faire présumer l'intention de s'en servir? Le fait de détention ne peut par lui-même, et à lui seul, entraîner une condamnation, soutient M. de Neyremand[2]. Tel n'est pas l'avis de M. Petit[3], et nous partageons pleinement sa manière de voir, qui nous paraît être la seule compatible avec les expressions, *ceux qui seront détenteurs*, employés dans notre article.

Les derniers mots du § 3 *et autres instruments de*

1. De Neyremand, p. 144.
2. De Neyremand, p. 154. — Bourges, 2 nov. 1844.
3. Petit, t. I, p. 822.

chasse prohibés ont soulevé la question de savoir, si la détention des appeaux, appelants et chanterelles, constituait par elle-même un délit. Quant aux appeaux, cela ne saurait être douteux. Pour les appelants et chanterelles il en est autrement, l'expression, *instrument* ne pouvant s'entendre que des choses inanimées[1]. Nous nous réservons de traiter des confiscations en parlant des différentes peines prévues par la loi de 1844.

SECTION IV.

DE LA CHASSE DANS UN ENCLOS.

L'article 2 est ainsi conçu :

« Le propriétaire ou possesseur peut chasser ou faire chasser en tout temps, sans permis de chasse, dans ses possessions attenant à une habitation, et entourées d'une clôture continue, faisant obstacle à toute communication avec les héritages voisins. »

Le motif de cette disposition nous est révélé par M. Gillon dans la discussion de la loi. « La faculté, dit-il, qui est laissée de chasser dans l'enclos, auquel tient une habitation, n'a pas une autre source que le respect pour le domicile du citoyen et le foyer de la famille. Cela est si vrai que s'il n'y a pas d'habita-

1. Bourges, 2 nov. 1844.

tion, mais seulement une usine ou une étable ou tel bâtiment étranger, à l'habitation de l'homme, il ne donnera pas la faculté réservée par notre article. »

C'est donc uniquement le respect dû au domicile qui a inspiré la rédaction de notre article[1]. Mais quand sera-t-il applicable? et en quoi déroge-t-il au droit commun? Telle est la double question qu'il nous faut résoudre.

Deux conditions sont indispensables pour que le bénéfice de l'article 2 puisse être invoqué. Il faut qu'il y ait une habitation dans l'enclos. Il faut que l'enclos soit formé par une clôture continue, faisant obstacle à toute communication avec les héritages voisins.

1° *Il faut une habitation dans l'enclos.* — Non pas une habitation telle que la définit l'article 390 du Code pénal, qui, sous cette expression comprend : « tout bâtiment, logement, loge, cabane, même mobile, qui, sans être actuellement habité, est destiné à l'habitation, et tout ce qui en dépend, comme cours, basses-cours, granges, écuries, édifices, qui y sont enfermés, quel qu'en soit l'usage, et quand même ils auraient une clôture particulière dans la clôture ou enceinte générale. »

La loi de 1844 exige qu'il y ait dans l'enclos une construction habitable, et sinon toujours habitée, au moins destinée à l'être, à des époques plus ou moins

1. Cass., 3 mai 1845.

éloignées[1]. Peu importe, d'ailleurs, que ce soit le propriétaire lui-même ou l'un de ses préposés y réside[2]. Par conséquent, un simple pavillon, destiné à abriter les chasseurs, et qui ne serait habituellement occupé par personne, ne saurait suffire.

2° Il faut que *l'enclos soit formé par une clôture continue faisant obstacle à toute communication avec les héritages voisins.*

L'article 13 de la loi de 1790, n'indiquait comme clôture que les murs et les haies vives. L'article 391 du Code pénal répute parc ou enclos : « tout terrain environné de fossés, de pieux, de claies, de planches, de haies vives ou sèches, ou de murs de quelque espèce de matériaux que ce soit, quelles que soient la hauteur, la profondeur, la vétusté, la dégradation de ces diverses clôtures, quand il n'y aurait pas de porte fermant à clef ou autrement, ou quand la porte serait à claire-voie et ouverte habituellement. »

Il est hors de doute que le législateur de 1844 a entendu déroger à ces deux dispositions, la rédaction même de notre article l'indique clairement, et le rapporteur a pris soin de le dire à la chambre des pairs : « C'est précisément, parce que nous n'avons pas voulu nous en tenir aux définitions ni du Code rural de 1791, ni du Code pénal, que nous avons dé-

---

1. Cass., 3 mai 1848; D. 48, I, 302. — Cass., 28 avril 1858; D. 58, V, 40.
2. De Neyremand, p. 424.

fini ce que nous entendons par clôture ; nous avons voulu quelque chose de plus que le Code pénal, une clôture réelle et non une apparence de clôture, et c'est pour cela qu'au lieu d'employer l'expression générique, *terrain clos*, nous avons dit : *une clôture continue faisant obstacle à toute communication avec les héritages voisins.* »

La clôture doit donc réunir deux conditions pour donner lieu à l'application de l'article 2. *Elle doit être continue.* Par conséquent, un mur quelque élevé qu'il soit, ne remplirait pas le vœu de la loi, s'il s'y trouvait des brèches qui en rompent la continuité. Elle doit en outre *faire obstacle à toute communication avec les héritages voisins.* Le législateur a employé à dessein cette expression vague, et énergique tout à la fois, pour faire comprendre aux tribunaux qu'il entendait parler d'une clôture réelle, et leur laisser cependant le soin d'en interpréter les différentes espèces qui varient suivant les contrées.

M. Lenoble a très-clairement indiqué ces idées dans la discussion de la loi. « Il était impossible, a-t-il dit, d'indiquer par énumération, dans l'article 2, tous les modes adoptés pour faire des clôtures ; la loi n'aurait pas tout prévu, et d'ailleurs elle s'attache au résultat plutôt qu'aux moyens employés pour l'obtenir. Pour qu'il y ait clôture, il faut qu'il y ait isolement complet des propriétés voisines, et que la communication avec elles soit empêchée par un obstacle continu. »

Le garde des sceaux a été plus explicite encore :

« J'appelle votre attention, a-t-il écrit aux procureurs généraux, sur les termes employés par l'article 2 pour désigner la clôture. Les expressions les plus fortes ont été choisies à dessein pour bien faire comprendre qu'il ne s'agit pas ici d'une de ces clôtures incomplètes, comme on en rencontre beaucoup dans les campagnes, mais d'une clôture non interrompue et tellement parfaite qu'il est impossible de s'introduire par un moyen ordinaire dans la propriété qui en est entourée.

Les modes de clôture ne sont pas les mêmes dans toute la France. Ils sont très-nombreux et varient à l'infini suivant les localités. C'est pour ce motif qu'il a paru nécessaire de ne pas indiquer dans la loi un genre de clôture plutôt qu'un autre, et de se contenter d'une définition qui serve de règle aux tribunaux. »

La pensée du législateur nous étant bien connue, parcourons rapidement un certain nombre de clôtures en nous demandant si elles rentrent dans la définition de l'article 2.

Un mur est sans contredit une clôture suffisante, pourvu qu'il soit assez élevé pour ne pouvoir être franchi sans des efforts considérables. Une haie vive doit lui être assimilée, si elle est partout assez touffue pour ne pouvoir être traversée[1]. Il en doit être de même d'un fossé, à la condition toutefois qu'il soit bien entretenu et que sa largeur et sa profondeur le

1. Rogron, p. 43. — Camusat-Busseroles, p. 49.

rendent suffisamment difficile à franchir[1]. Pour le cours d'eau une distinction est nécessaire. S'il est navigable et flottable, il est assimilé par la loi du 28 floréal an x, à une grande route et ne peut faire clôture[2]. Si au contraire il n'est ni navigable ni flottable, la solution de la question dépendra de sa largeur et de sa profondeur.

La commission de la chambre des députés avait ajouté un paragraphe à l'article 2, portant que les routes et chemins traversant les possessions ne seraient point considérés comme faisant cesser la continuité de la clôture, mais ce paragraphe a été retiré, et il est demeuré bien entendu que le parc soigneusement entouré de murs ne serait pas considéré comme terrain clos s'il était traversé par des routes ou chemins.

Nous venons de voir dans quel cas l'article 2 est applicable. Recherchons maintenant en quoi il déroge au droit commun.

A ne consulter que les termes mêmes de l'article, on serait tenté de croire qu'il ne contient que deux dérogations. Mais en se rappelant la pensée qui a présidé à sa rédaction, celle de l'inviolabilité du domicile, on se convainc sans peine que ce n'est qu'énonciativement et non limitativement que le législateur n'a parlé que du permis et du temps pro-

----

1. Douai, 9 nov. 1847; D. 47, V, 78. — Petit, t. I, p. 363.
2. Cass., 12 fév. 1830. — Contra, Rennes, 17 avril 1863. — De Neyremand, p. 428 à 428.

hibé. En effet, de même qu'il faudrait violer le domicile pour constater un fait de chasse en temps prohibé, de même il faudrait le violer pour constater un fait de chasse accompli pendant la nuit[1], ou à l'aide de procédés interdits par la loi. Si le législateur a été arrêté par cette considération dans un cas, il doit l'être aussi bien dans les autres[1]. Tel n'est pas cependant l'avis de tout le monde[2]. L'article 2, disent nos adversaires, introduit une exception qui ne peut être étendue au delà de ses termes et prévaloir par voie d'induction sur une disposition générale et de droit commun. D'ailleurs, ajoutent-ils, en ce qui concerne les engins prohibés, leur seule détention constitue un délit, à plus forte raison doit-il en être de même de leur emploi. Ce dernier point est hors de doute, mais il est bon de remarquer que ce n'est pas tant l'emploi lui-même qui est punissable, que la détention sans laquelle il est vrai l'emploi ne saurait avoir lieu.

Il est bon de remarquer, comme l'atteste d'ailleurs avec unanimité la jurisprudence, que dans le cas d'emploi d'engins prohibés dans un enclos, la poursuite ne sera régulière que si la constatation a été faite de l'extérieur et sans l'emploi d'aucun moyen indiscret. Le procès-verbal qui aurait été dressé à

---

1. Douai, 9 nov. 1847; 47, V, 70.

2. Dufour, p. 14, n° 5. — Limoges, 5 mars 1857. — Trib. de Lyon, 16 déc. 1858.

3. Besançon, 18 janv. 1845. — Cass., 16 juin 1866; D. 66, I, 452.

la suite d'une introduction dans l'enclos sans mandat du juge d'instruction, ou à la suite d'une esca-
lade ou de tout autre moyen indiscret, serait nul[1].

On s'est demandé si le fait d'établir dans une clôture environnant un bois des trappes mobiles qui
donnent accès au gibier de l'extérieur et l'empêchent
de ressortir une fois qu'il est entré, rentre dans l'exercice légitime du droit de propriété et ne constitue
ni un fait de chasse, ni un fait illicite. A juste titre,
d'après nous, la cour suprême a décidé qu'il n'y avait
en cela rien que de très-permis[2].

Il va sans dire que le bénéfice de l'article 2 est
réel et non personnel, en d'autres termes qu'il est
attaché à l'enclos lui-même, et non à la personne du
propriétaire, et que par conséquent il pourra être
invoqué non-seulement par le propriétaire, mais par
toutes les personnes qui chasseront dans l'enclos.

1. Limoges, 6 mars 1857. — Aix, 4 nov. 1847. — Paris,
11 juill. 1844. — Cass.; D. 48, I, 361 et 362.
2. Cass., 22 juill. 1861 ; D. 61, I, 475.

CHAPITRE III.

FACULTÉ ACCORDÉE AU PRÉFET DE MODIFIER CERTAI-
NES DES RÈGLES CONTENUES DANS LE CHAPITRE
PRÉCÉDENT.

Nous avons vu que l'article 3 conférait au préfet
le droit de déterminer chaque année l'époque de
l'ouverture et celle de la clôture de la chasse. Là
s'arrêtent ses pouvoirs, et c'est la loi elle-même qui
se charge de déterminer les procédés qui, seuls,
pourront être employés. Ces procédés, nous le
savons, ont été limités à trois, dans le but de protéger le gibier. Mais à côté du gibier sédentaire qu'il
importe grandement de sauvegarder, se trouve le
gibier nomade, dont il faut jouir à son passage, et
les animaux nuisibles qu'il est de l'intérêt de chacun de détruire en tout temps. Relativement à ces
deux classes d'animaux sauvages, le législateur a
compris qu'il était nécessaire d'étendre le temps
pendant lequel la chasse serait réputée ouverte et les
moyens à l'aide desquels elle pourrait être pratiquée.
A l'inverse, il a pensé qu'il était nécessaire, dans
certains cas, de suspendre momentanément l'exer

cice de la chasse pendant le temps d'ouverture, ou d'interdire complétement la chasse de certaines espèces d'oiseaux nécessaires à l'agriculture. Tel est le fondement des sept derniers paragraphes de l'article 9 qui permettent aux préfets de restreindre ou d'étendre, dans certains cas, le temps d'ouverture fixé par lui et les modes de chasse déterminés par la loi.

Nous consacrerons deux sections aux cas d'extension. Dans la première nous traiterons des oiseaux de passage et du gibier d'eau; dans la seconde, des animaux nuisibles, malfaisants et des bêtes fauves. Nous en consacrerons également deux aux cas de restriction : Neige et prohibition de détruire les oiseaux.

SECTION I.

OISEAUX DE PASSAGE ET GIBIER D'EAU.

Art. 9.

« ....Néanmoins, les préfets des départements, sur l'avis des conseils généraux, prendront des arrêtés pour déterminer :

1° L'époque de la chasse des oiseaux de passage autres que la caille, et les modes et les procédés de cette chasse.

2° Le temps pendant lequel il sera permis de chasser le gibier d'eau dans les marais, sur les étangs, fleuves et rivières. »

Aux termes de cet article, les préfets devront prendre l'avis des conseils généraux, formalité qui ne leur était point imposée par l'article 3. A l'inverse, ils ne seront pas obligés de publier les arrêtés relatifs aux oiseaux de passage et au gibier d'eau dix jours à l'avance, sous peine de nullité[1]. Vainement on tenterait de soutenir que la règle a été posée par l'article 3 et qu'il n'était pas nécessaire de la rappeler ici. Lorsqu'il s'agit de formalités essentielles à la validité des actes, l'extension n'est pas permise par analogie d'un cas à un autre.

Nous connaissons déjà la cause qui a fait admettre le pouvoir d'extension conféré aux préfets par notre article. Il importait de ne pas priver les habitants de certaines contrées favorisées par d'abondants passages de gibier d'eau et d'oiseaux nomades, d'un moyen précieux d'alimentation et de commerce. Voyons maintenant dans quelle limite le préfet peut déroger au droit commun.

D'abord, sans difficulé, aussi bien pour le gibier d'eau que pour les oiseaux de passage, il peut prolonger le temps de l'ouverture fixé pour le gibier ordinaire. Pourrait-il également le restreindre? Evidemment non. Ce serait prendre le contre-pied de la pensée du législateur.

Il peut ensuite, mais seulement pour les oiseaux de passage, autoriser des procédés ou moyens

1. Circ. du Ministre de l'intérieur, 20 mai 1844. — Petit, t. I, p. 8*0.

prohibés pour la chasse ordinaire, par conséquent, certains filets, lacets et autres engins du même genre. Mais comment concilier cette permission avec la prohibition générale de détenir ces engins? Il va sans dire que, pendant l'ouverture spéciale aux oiseaux de passage, une telle détention ne saurait être punie. Mais nous croyons qu'il faut aller plus loin et la déclarer licite en tout temps, pourvu, bien entendu, qu'il ne s'agisse que de filets formellement spécifiés dans l'arrêté préfectoral.

En ce qui concerne le gibier d'eau, le préfet ne peut, au contraire, étendre les procédés autorisés par la loi. Cela résulte clairement de la comparaison des paragraphes 1 et 2 de votre article. En accordant cette faculté au préfet seulement dans le premier, le législateur a clairement fait voir qu'il entendait la refuser dans le second. Néanmoins certains préfets s'étant écartés de cette règle, le ministre a cru devoir la leur rappeler en ces termes : « La loi vous donne, en outre, la faculté de fixer le temps pendant lequel il est permis de chasser le gibier d'eau, mais elle ne vous accorde pas, comme pour les oiseaux de passage, le droit de déterminer les modes de cette chasse qui ne peut être faite que par les procédés ordinaires [1]. »

On s'est demandé s'il appartenait au préfet de déterminer les espèces d'oiseaux de passage et de gibier d'eau qu'il serait permis de chasser en vertu de

---

1. Circ. du Ministre de l'intérieur du 9 juill. 1861.

l'arrêté spécial ? La loi elle-même nous paraît trancher la question contre le préfet auquel elle ne confère nulle part ce droit. Elle semble même vouloir repousser toute distinction entre les différentes espèces. C'est ainsi d'ailleurs que la jurisprudence décide la question en se refusant à appliquer le bénéfice de notre article à des oiseaux faussement classés au nombre des oiseaux de passage [1].

Le préfet excéderait-il ses pouvoirs en autorisant la chasse des oiseaux de passage ou du gibier d'eau pendant la nuit? En pratique, nous le savons, ce genre de chasse est fort usité, mais il nous paraît impossible de le déclarer légitime [2].

Sous l'empire de la loi de 1790, qui permettait, par son article 13, au propriétaire ou possesseur de chasser ou faire chasser en tout temps, *dans ses lacs et étangs*, on avait, par extension, appliqué la même règle aux marais, landes et bruyères [3]. Cette extension était-elle légale? nous sommes loin de le croire, mais ce dont nous ne saurions douter, c'est qu'elle soit prohibée aujourd'hui.

La disposition qui nous occupe est en effet une disposition exceptionnelle et qui dès lors ne peut être étendue arbitrairement d'un cas à un autre. Le législateur ne parle, dans notre paragraphe 2, que des marais, étangs, fleuves et rivières. En vain, le préfet, dans son arrêté, voudrait-il y assimiler les

1. Cass., 22 fév 1868; D. 68, 1, 356.
2. Petit, t. I, p. 73.
3. Petit, t. I, p. 371

prairies et pâtures[1]. Un tel arrêté n'aurait aucune force obligatoire, parce qu'il ne trouverait aucun soutien dans la loi[2]. Toutefois, il ne faudrait pas tomber dans l'excès contraire et dire que, par ces expressions, *dans les marais, sur les étangs, fleuves et rivières*, le législateur a voulu ne permettre que la chasse en nacelle. Ce serait se méprendre sur sa véritable pensée qui a été de limiter par des expressions étroites le bénéfice de la disposition aux seuls endroits fréquentés par le gibier d'eau, afin d'éviter que, sous prétexte de chasser cette espèce de gibier, on s'adonnât à toute autre chasse.

On sait l'interminable controverse que soulèvent entre les interprètes les articles 561 et 563 du Code civil relativement à la propriété du lit des rivières non navigables ni flottables[3]. Il semble qu'il soit nécessaire de prendre parti sur cette question pour décider à qui appartient la chasse de ces cours d'eau. Néanmoins, certains auteurs se contentent, pour l'attribuer aux riverains, d'invoquer l'article 622

1. Petit, t. I, p. 372. — De Neyremand, p. 324.

2. Cass., 12 mai 1842 : « Attendu que les arrêtés de l'autorité administrative ne sont obligatoires pour les tribunaux qu'autant qu'ils sont pris en exécution des lois ; qu'ils ne peuvent ni les interpréter ni y ajouter »

3. Merlin, *Question de droit, au mot pêche*, § 1. — Proudhon, *Domaine public*, II, art. 989, 938, 944 et 946. — Duranton, n° 208. — Troplong, *De la prescription*, t. I, p. 143. — Demolombe, t. II, n° 128 et suivants. — Demante, t. II, n° 374 *bis*.

du Code civil et l'article 2 de la loi sur la pêche fluviale du 15 avril 1829.

De ces deux arguments le premier ne nous semble avoir aucune valeur, l'article 622 du Code civil étant complétement étranger à la matière qui nous occupe. Le second, au contraire, nous paraît concluant, l'analogie la plus grande existant entre la pêche et la chasse. Au surplus, nous pensons que le lit des rivières non navigables ni flottables appartient aux riverains, ce qui nous entraîne tout naturellement à leur accorder le droit de chasser sur ces cours d'eau.

Pour les rivières et fleuves navigables et flottables, les articles 538 et 560 du Code civil nous semblent en donner trop clairement la propriété à l'État pour qu'il soit possible de lui en refuser la chasse. Tel est d'ailleurs l'avis qui a prévalu en doctrine comme en jurisprudence[1]. Il n'est cependant pas partagé par tous[2]. Et ce n'est pas sans un certain étonnement qu'on voit soutenir que dans le silence de la loi la chasse des fleuves et rivières navigables et flottables doit appartenir à tout le monde.

1. Metz, 8 mars 1845. — Paris 24 oct. 1844. — Petit, t. I, p. 300. — De Neyremand, p. 339.
2. Championnière, p. 64.

SECTION II.

ANIMAUX MALFAISANTS OU NUISIBLES ET BÊTES FAUVES.

Le paragraphe 3 de l'article 9 permet au préfet de déterminer, sur l'avis du conseil général, les espèces d'animaux malfaisants ou nuisibles que le propriétaire, possesseur ou fermier, pourra en tout temps détruire sur ses terres, et les conditions de l'exercice de ce droit, sans préjudice du droit appartenant au propriétaire ou au fermier de repousser ou même de détruire avec des armes à feu les bêtes fauves qui porteraient dommage à ses propriétés.

Nous ne répéterons pas ce ici que nous avons dit au chapitre précédent sur l'obligation imposée au préfet de prendre l'avis du conseil général et la dispense de publier son arrêté relatif aux animaux nuisibles ou malfaisants au moins dix jours à l'avance.

Il suffit de lire notre paragraphe pour se convaincre immédiatement qu'il contient deux dispositions complétement différentes. Certains auteurs cependant ont cru qu'elles pouvaient être confondues[1], mais ils ont commis en cela une étrange erreur provenant de la portée trop restreinte qu'ils donnaient

1. Championnière, p. 70. — Camusat-Busseroles, p. 96.

aux mots *bêtes fauves* qui, d'après eux, ne devaient pas s'étendre au delà des animaux classés malfaisants ou nuisibles par le préfet. Ces expressions, nous le reconnaissons nous-même, comprennent les animaux classés, mais elles en comprennent bien d'autres, ainsi que M. Crémieux l'a fait remarquer dans la discussion de la loi.

« Le projet de loi, dit-il, nous interdisait, sur nos propriétés, le droit général et absolu de détruire les animaux malfaisants; il fallait que le préfet vînt nous donner ce droit, nous dire quels étaient les animaux malfaisants et déterminer quelles étaient les conditions d'exercice de ce droit. Nous ne pouvions admettre un pareil système, une pareille violation du droit de propriété...... On pourra chasser, même en temps prohibé, les animaux malfaisants sur les propriétés non closes, non attenantes à l'habitation, mais il faudra l'autorisation d'un règlement du préfet; nous y consentons. Maintenant, à côté de ce droit, il y en a un autre, pris dans la loi de 1790 et dans laquelle nous l'avons copié, droit naturel d'ailleurs et qui n'est pas contestable; c'est le droit pour le propriétaire de détruire *tout animal malfaisant, quel qu'il soit*, en tout temps, quand il menace ou attaque la propriété. »

Il résulte clairement de cet extrait de la discussion que si les expressions *bêtes fauves* comprennent les animaux classés malfaisants ou nuisibles, elles ne se bornent pas à eux et s'étendent à tous les animaux qui portent préjudice à la personne et aux biens. Mais à la différence des animaux classés qui peuvent être détruits en tout temps et en tout lieu pourvu qu'on se conforme aux règles tracées par le préfet, les seconds ne peuvent l'être qu'au moment où ils causent un dommage.

§ 1. *Animaux malfaisants ou nuisibles.*

Sous cette dénomination, dit M. Villequez[1], on entend dans le langage de la loi, les animaux sauvages qui ne peuvent faire que du mal et ne sont pas bons à manger. D'après M. de Neyremand[2], chacune des deux qualifications employées par le législateur s'appliquerait à une espèce différente d'animaux. Par animaux *malfaisants*, il faudrait entendre ceux qui sont essentiellement et toujours nuisibles par leur nature et qui ne peuvent servir de nourriture à l'homme. Par *nuisibles* ceux qui ne deviennent une cause de véritable dommage que par leur multiplicité et qui sont susceptibles d'entrer dans l'alimentation.

Sans vouloir méconnaître ce qu'il y a d'ingénieux dans cette dernière interprétation et tout en reconnaissant que les expressions *malfaisants ou nuisibles* comprennent tout à la fois des animaux qui peuvent

1. Villequez, *du Droit de destruction des animaux malfaisants ou nuisibles*, p. 17.
2. De Neyremand, *Questions sur la chasse*, p. 10.

être mangés et d'autres qui ne le peuvent pas, nous ne croyons pas que le législateur ait voulu attacher spécialement à chacune de ces deux qualifications le sens qui leur est donné par M. de Neyremand.

Quoi qu'il en soit, c'est au préfet qu'il appartient de déterminer quels seront ceux que le propriétaire, possesseur ou fermier pourra en tout temps détruire sur ses terres, et les conditions de l'exercice de ce droit. Là, il n'a plus, comme dans le cas d'oiseaux de passage ou de gibier d'eau, à fixer l'époque pendant laquelle les animaux classés pourront être détruits, il ne s'agit pas en effet de chasse mais de destruction. Dès lors pendant tout le temps fixé pour l'ouverture de la chasse, les animaux malfaisants ou nuisibles pourront être détruits non-seulement par les procédés autorisés par le préfet, mais encore par tous ceux admis par le droit commun. Il n'y aura que pendant le temps de la fermeture qu'il faudra se borner aux seuls moyens permis par l'arrêté préfectoral.

De ces simples réflexions il résulte que trois conditions sont exigées pour que la destruction des animaux malfaisants ou nuisibles soit licite en temps de fermeture. Il faut que l'animal détruit soit compris dans l'une des espèces d'animaux déclarés malfaisants ou nuisibles par le préfet. Il faut que la destruction ait eu lieu conformément aux conditions imposées par le préfet. Il faut enfin qu'elle ait été accomplie par l'une des personnes ayant qualité pour le faire.

Les deux premières conditions dont nous venons de parler ne nous arrêteront pas longtemps. La troisième au contraire nécessitera de plus amples explications.

1° *Il faut que l'animal détruit soit compris dans l'une des espèces d'animaux déclarés malfaisants ou nuisibles par le préfet.* Par conséquent tout dépend de l'arrêté préfectoral. Et comme à chaque préfet séparément a été confié le droit de faire cette détermination, il pourra fort bien arriver que tel animal déclaré malfaisant ou nuisible ici ne soit point réputé tel dans le département voisin. Aussi avant de se mettre en campagne sera-t-il prudent de consulter l'arrêté spécial au département dans lequel on se trouvera.

Le préfet doit, aux termes de notre article, *déterminer les espèces d'animaux malfaisants ou nuisibles.* Quand un animal est compris dans l'énumération faite par le préfet, aucune difficulté ne peut naître. Mais que décider si sans être spécialement dénommé par l'arrêté il semble cependant rentrer dans une des espèces indiquées par lui? En d'autres termes la détermination faite par le préfet est-elle énonciative ou limitative? Il nous semble résulter de la discussion aussi bien que de l'esprit de la loi qu'il n'est pas possible de l'étendre par analogie d'un cas prévu et un autre qui ne le serait pas. Par conséquent en dehors des espèces d'animaux formellement indiqués comme malfaisants ou nuisibles il faudra appliquer la règle du droit commun.

2° *Il faut que la destruction ait eu lieu conformément aux conditions imposées par le préfet.* Ici encore l'arrêté préfectoral décide souverainement. Il est inutile d'ajouter que la défense de chasser pendant la nuit et en temps de neige, ne s'applique pas au cas qui nous occupe. Il ne s'agit pas en effet de chasse, mais de destruction ; ce qui est bien différent[1].

En vertu du droit de réglementation confié au préfet, il se pourrait qu'il permît pour la destruction des animaux classés, certains engins prohibés par la loi. Comment concilier cette autorisation avec la prohibition de détenir de tels engins? D'abord on peut écarter un point qui ne saurait soulever aucune difficulté. Toutes les fois qu'il s'agira d'engins exclusivement propres à la destruction des animaux malfaisants ou nuisibles et ne pouvant servir à la capture du gibier, la détention pas plus que l'usage ne pourra donner lieu à une poursuite[2]. Mais que décider s'il s'agit d'un filet ou de tout autre instrument pouvant servir à prendre le gibier tout aussi bien que les animaux nuisibles ? Dans ce cas, bien que cet avis ne soit pas celui de tous[3], nous croyons conformément à ce que nous avons précédemment dit à propos des oiseaux de passage, que la détention de tels engins ne pourra donner lieu à aucune poursuite, à la condition bien entendu qu'il s'agira de ceux spécialement indiqués par l'arrêté préfectoral[4].

1. De Neyremand, p. 9 et 10. — Villequez, *du Droit de destruction des animaux nuisibles*, p. 123 à 125. — Discussion de la loi, *Moniteur* de 1844, p. 324 à 331.

2. Cass., 15 oct. 1844; D. 45, 1, 26.

3. Villequez, *Droit de destruction des animaux malfaisants*, p. 165.

4. Petit, t. I, p. 381.

Parmi les moyens dont le préfet peut autoriser l'emploi pour la destruction des animaux malfaisants ou nuisibles, le législateur a pris soin d'indiquer les chiens lévriers. D'où il faut conclure, comme nous l'avons déjà fait, qu'en dehors de ce cas il est formellement interdit d'en faire usage.

3° Il faut enfin que la destruction ait été accomplie par l'une des personnes ayant qualité pour le faire.

La loi nous indique, comme pouvant exercer en tout temps le droit de destruction, le propriétaire, possesseur ou fermier. Cette dernière expression comprend sans contredit le colon partiaire (art. 1763, C. C.) Mais sur le sens du mot : « *possesseur,* » il y a des difficultés, aussi croyons-nous devoir rappeler ici les règles du droit civil sur la possession avant de nous demander ce que la loi de 1844 entend par *possesseur* dans notre article.

« La possession, dit M. Villequez, est définie dans l'article 2228 du Code civil : « La détention ou la « jouissance d'une chose ou d'un droit que nous « tenons ou que nous exerçons par nous-mêmes ou « par un autre qui la tient ou qui l'exerce en « notre nom. »

« Posséder une chose, c'est donc l'avoir en sa puissance, la détenir, faire sur elle les actes que pourrait y faire le propriétaire ; si c'est un champ, un domaine, le cultiver, l'exploiter, ou le faire exploiter ou cultiver par un tiers, fermier ou autre, en notre nom. Le possesseur se comporte comme un propriétaire, qu'il le soit ou non, qu'il soit à cet égard de bonne ou mauvaise foi. La possession fait présumer a propriété, puisqu'elle se manifeste par les actes que peut faire un propriétaire, et que d'ordinaire le propriétaire ne les laisse pas faire par ceux qui n'en auraient pas le droit. Ce qui caractérise la véritable possession, c'est l'intention de celui qui détient la chose de la posséder pour lui-même, de n'en pas reconnaître d'autre maître que lui. S'il n'en est pas propriétaire, mais qu'il en ait acquis la possession en vertu d'un juste titre et de bonne foi, les fruits lui appartiennent tant que dure son erreur (art. 549, Code civil), et la propriété lui est acquise après dix ou vingt ans d'une possession continue, non interrompue, paisible, publique, non équivoque et à titre de propriétaire (art. 2229 et 2265, Code civil.)

« Le fermier n'est que le représentant du propriétaire ou du possesseur qui l'a placé sur le fonds pour l'exploiter. Bien qu'il ait la détention matérielle de la chose, il ne la possède pas pour lui-même, mais pour le propriétaire ou possesseur qu'il représente, de qui il a loué l'immeuble. Il en est de même de l'usufruitier et de l'usager qui reconnaissent un maître du sol sur lequel ils exercent leurs droits. On dit dans le langage technique du droit, qu'ils ne possèdent la chose qu'*à titre précaire*, ne sont que de simples *détenteurs;* aussi ne peuvent-ils, à cause de leur titre de fermier, d'usufruitier, d'usager, qui est par lui-même exclusif du droit de propriété, arriver à la prescription (art. 2234) à moins qu'ils ne l'intervertissent en acquérant la chose d'un tiers, ou par la déclaration qu'ils feraient à celui au nom duquel ils détenaient la chose, qu'ils entendent désormais la posséder pour leur propre compte, comme propriétaires. C'est alors à lui à voir ce qu'il a à faire. S'il les laisse tranquilles pendant le temps requis pour prescrire, c'est qu'il reconnaît l'existence de leur droit (art. 2238.)

« Le véritable possesseur est donc celui qui possède comme propriétaire. Jusqu'ici nous avons supposé sa bonne foi. Quand la possession réunissait les caractères exigés par l'article 2229 a duré trente ans, il n'est plus possible de l'attaquer en s'appuyant même sur l'absence de titre ou sur la mauvaise foi (2262). Cette disposition de la loi qui paraît, au premier abord, consacrer une injustice, est nécessaire au maintien du droit des propriétaires qu'elle semble altérer. Celui qui pendant trente ans est resté tranquillement en possession d'un immeuble au vu et su de tout le monde, est présumé en être le propriétaire. On ne laisse pas ainsi cultiver et récolter son champ, habiter sa maison ou les louer pendant trente ans par un tiers qui n'y aurait aucun droit. Exiger la production d'un titre remontant dans les siècles, au premier propriétaire, et celle de tous ceux qui l'ont suivi à chaque passage de la propriété sur une tête nouvelle, serait exiger l'impossible. Aucun propriétaire ne pourrait aujourd'hui justifier du droit le plus certain. Des accidents très-fréquents peuvent même, dans l'espace de trente ans, amener la perte d'un titre. Voilà pourquoi ce laps de temps écoulé, la possession paisible, publique, etc., fait présumer la propriété et la prescription couvre de son égide le possesseur. Si par hasard il n'était pas propriétaire, la prescription pourrait consacrer une injustice. Encore peut-on dire que dans ce cas, le propriétaire qui a délaissé la chose est justement puni de sa négligence. Mais ce n'est pas pour un cas aussi rare qu'il fallait renoncer à un principe sans lequel il n'y aurait pas de propriété, et par conséquent, pas de société possible. »

Nous n'avons rappelé ces principes que pour pouvoir mieux apprécier en quoi la loi de 1844 y déroge ou s'y conforme. D'abord il est certain que toute personne qui possède, conformément aux règles de l'article 2228, rentre de plein droit dans l'expression *possesseur*, employée par notre article. Mais il faut aller plus loin, comme l'indique clairement l'esprit de la loi et la discussion qui en a précédé la rédaction : « Les termes que nous avons employés, dit un des rapporteurs, comprennent les *usufruitiers*, les *emphytéotes*, tous ceux en un mot qui représentent à un titre quelconque le propriétaire, soit par délégation, soit par la force de la loi, tous ceux qui auront ses droits, qui auront le droit de jouir du même avantage dont il aurait joui lui-même. »

De ces paroles du rapporteur, il résulte que l'intention de posséder pour soi l'*animus sibi habendi* n'est pas exigée par la loi de 1844, comme par le Code civil, pour être réputé *possesseur*. Dès lors, il faut reconnaître le droit de destruction non-seulement à l'usufruitier et à l'emphytéote qui ont été spécialement dénommés par le rapporteur, mais encore au simple usager s'il absorbe tous les fruits du fonds. Nous lui refuserions au contraire ce droit si ses besoins ne s'étendaient qu'à une partie des fruits du fonds qu'il ne cultive pas lui-même, fruits qui lui sont délivrés par le propriétaire ou le fermier [1]. Celui qui n'a qu'un droit d'habitation n'ayant rien à voir sur les terres qui l'environnent ne saurait être assimilé à l'usufruitier et à l'usager.

Que décider en ce qui concerne le locataire ou fermier d'un droit de chasse? Nous croyons qu'il faut aussi lui accorder le droit de destruction, car s'il ne peut être réputé possesseur aux termes de l'art. 2228, il rentre tout au moins dans la classe des personnes indiquées par le rapporteur en ces termes: « Tous ceux qui représentent à un titre quelconque le propriétaire. » Au surplus, c'est ainsi que l'entend l'art. 23 du dernier cahier des charges de l'administration: « En temps prohibé, la chasse des animaux nuisibles pourra être exercée par tous les moyens dont l'emploi sera autorisé par le préfet, ou par des battues pratiquées conformément à l'arrêté du 19 pluviôse an V. »

---

1. De Neyremand, *Questions sur la chasse*, p. 34.

Les personnes auxquelles la loi confère le droit de destruction peuvent non-seulement se faire assister par des tiers [1], mais encore déléguer leur droit. La délégation est même présumée à l'égard des enfants, gardes ou domestiques [2].

§ 2. *Bêtes fauves.*

Indépendamment du droit de détruire les animaux classés, en se conformant aux conditions imposées par le préfet, il en est un autre qui a sa source dans la légitime défense de soi-même et de ses biens. A la différence du précédent qui ne peut être exercé que contre certains animaux et à l'aide de certains procédés, celui-ci peut l'être contre tout animal qui menace ou attaque la propriété et par tous les moyens possibles. Mais si sous ce double rapport le droit de détruire les bêtes fauves est plus large que le droit de détruire les animaux malfaisants ou nuisibles, à un autre point de vue il est plus restreint, ne pouvant être exercé qu'au moment du dégât, tandis que le droit de détruire les animaux classés peut l'être en tout temps.

Nous croyons devoir insister sur ces différences qui séparent les deux droits de destruction pour

1. Cass., 14 avr'l 1848; D. 48, I, 135. — Giraudeau et Lelièvre, nº 581.
2. De Neyremand, p. 35.

mieux faire ressortir l'erreur de certains interprètes qui ont voulu les confondre. La cause de leur méprise provient de ce que les mêmes animaux peuvent être envisagés tantôt comme bêtes fauves, tantôt comme animaux malfaisants et nuisibles. A ce point de vue, il est vrai, les deux droits semblent se confondre, mais à tous les autres ils se séparent.

Les auteurs qui ont spécialement écrit sur la chasse [1] s'accordent à distinguer trois sortes de *bêtes fauves* : 1° Les bêtes fauves proprement dites, cerfs, daims, chevreuils; 2° les bêtes noires, sangliers, laies, marcassins; 3° les bêtes rousses ou carnassières, loups, renards, blaireaux, fouines, etc. Mais ce n'est pas à eux que nous devons emprunter une définition qui nous est fournie par M. Crémieux dans la discussion de la loi : « Par *bêtes fauves*, a-t-il dit, il faut entendre toutes les bêtes sauvages qui portent dommage aux propriétés. » Par conséquent qu'il s'agisse d'un animal bon à manger, ou impropre à l'alimentation; qu'il s'agisse d'un animal classé malfaisant ou nuisible par le préfet, ou de tout autre, peu importe, il rentre dans la classe des *bêtes fauves* en ce sens qu'il peut être tué partout, toujours et par tous les moyens, au moment où il menace ou attaque la propriété. Il va sans dire qu'il faut que le dommage causé ou qui menace de l'être, soit un dommage réel et sérieux. Sans cela,

1. Baudrillart, *Dictionnaire des chasseurs*. — Lavallée, *Technologie cynégétique*.

sous prétexte de protéger les récoltes il serait trop facile de détruire le gibier en tout temps.

Les expressions *qui porteraient dommage* ont fait naître la question suivante: Faut-il nécessairement que l'animal soit tué au moment où il cause le préjudice; ou bien peut-il l'être également avant et après le préjudice causé? A ne consulter que les termes mêmes de notre article il semblerait qu'il ne puisse être tué qu'après le dommage causé. Tel n'est pas cependant notre avis, du moins pour tous les cas, car, déclarer par exemple qu'il ne sera licite de tuer un loup que lorsqu'il aura pris un mouton, ou un renard lorsqu'il emportera une volaille, serait, ce nous semble, méconnaître la pensée du législateur[1]. Mais que décider s'il ne s'agit plus d'animaux essentiellement nuisibles mais bien de gibier? Dans ce cas, la preuve du dommage causé sera le seul moyen que puisse invoquer le destructeur pour prouver la légitimité de son acte. Aussi faudra-t-il nécessairement qu'il y ait au moins commencement de dommage[2].

Le propriétaire ou fermier qui serait trouvé la nuit armé d'un fusil et déclarerait s'être embusqué pour attendre les bêtes fauves devrait-il le prouver pour éviter les poursuites du ministère public, ou serait-ce à celui-ci à fournir la preuve contraire? La question ne laisse pas que d'être très-embarrassante; deux principes contraires se trouvant en présence

---

1. Championnière, p. 71. — Gillon, n° 86.
2 Cass., 14 avril 1848; D. 48, I, 135.

d'un côté la règle qui veut qu'on ne présume par la fraude, de l'autre celle qui exige que celui qui invoque une exception la prouve. Néanmoins nous pensons avec la cour de Rouen et contrairement à l'avis de M. Villequez[1] que la présomption sera contre celui qui prétendra user de son droit de destruction. Cette solution nous amène tout naturellement à décider qu'en cas de doute ce sera au propriétaire à justifier du dommage et non au ministère public à prouver qu'il n'y en avait pas.

Il n'est pas plus nécessaire d'être muni d'un permis de chasse pour détruire les bêtes fauves que pour détruire les animaux malfaisants ou nuisibles. Il ne s'agit pas en effet de chasse, mais de destruction. M. Crémieux l'a d'ailleurs formellement déclaré dans la discussion de la loi. « Cela (la chasse) n'a rien de commun avec la deuxième partie de l'article, relative à la destruction des animaux qui attaquent la propriété : vous avez le droit de détruire ces animaux sans avoir besoin d'un permis de chasse. »

Nous devons, avant de terminer ce paragraphe, dire un mot d'une espèce d'animal malfaisant qui participe tout à la fois de la nature des animaux domestiques et du gibier, nous voulons parler des pigeons

1. Villequez, *Droit de destruction*, p. 175 et suivantes.

Pigeons.

Le droit de colombier figurait jadis parmi les droits seigneuriaux. Dès le règne du roi Jean (1350) on trouve des peines sévères édictées contre ceux qui se permettraient de tuer les pigeons d'autrui[1]. La même défense est faite par ses successeurs[2] le châtiment seul varie. Cependant au dix-huitième siècle les plaintes que de tout temps avaient soulevé les dégâts causés par les pigeons se multipliant de jour en jour, le parlement de Paris ordonna aux propriétaires de les enfermer sous peine d'amende pendant une partie de l'année[3]. En 1789 le droit de fuie ou de colombier fut aboli comme tous les autres droits seigneuriaux et le décret du 4 août de cette année reproduisit l'obligation imposée par le parlement aux propriétaires d'enfermer leurs pigeons à certaines époques.

« Le droit exclusif de fuies et de colombiers est aboli ; les pigeons seront enfermés aux époques fixées par les communautés ; et durant ce temps ils seront regardés comme gibier, et chacun aura le droit de les tuer sur son terrain[4]. »

1. Collection du Louvre IV, 40, Rec. des anc. lois françaises, par Isambert, t, IV, p. 626.
2. Ordonnance de Henri IV, juill. 1607.
3. Arrêt du Parlement de Paris, 16 juill. 1779.
4. Art. 2 du décret du 4 août 1789..

Cette disposition est encore en vigueur aujourd'hui et doit être rapprochée des articles 524 et 544 du Code civil, qui déclarent les pigeons propriété particulière. Le premier de ces deux articles les range au nombre des immeubles par destination, le second en attribue la propriété au maître du colombier dans lequel ils vivent pourvu qu'ils n'y aient pas été attirés par fraude.

De ces textes il résulte que les pigeons changent pour ainsi dire de nature suivant qu'on se trouve dans la période où ils doivent être renfermés, ou bien dans celle où ils peuvent être laissés libres. Si les communautés, c'est-à-dire les communes, ont eu soin de déterminer l'époque de la fermeture des colombiers, aucune difficulté ne peut s'élever. Mais que décider si aucun arrêté de ce genre n'a été pris?

Un premier cas ne peut faire doute : un arrêté du maire a prescrit d'enfermer les pigeons de telle époque à telle autre. Pendant ce temps tout pigeon errant pourra être tué et pris, car étant considéré comme gibier par la loi il rentre dans la classe des *res nullius* et appartient au premier qui s'en empare soit sur son fonds soit sur le fonds d'autrui, soit même sur celui du propriétaire du colombier. Il va sans dire que dans ces deux derniers cas le chasseur pourra être poursuivi comme ayant chassé sur le terrain d'autrui sans la permission du propriétaire, mais cela ne l'empêchera pas d'être devenu propriétaire du pigeon qu'il aura tué[1].

A l'inverse, pendant tout le temps où il ne sera pas prescrit par l'arrêté du maire d'enfermer les pigeons, ils seront considérés comme la propriété du maître du colombier qu'ils habitent. Celui qui se permettrait de les tuer serait passible d'une amende de 11 à 15 francs, sans préjudice des dommages-intérêts conformément à l'article 479 n° 1 du Code pénal. Celui qui après les avoir tués se les approprierait, commettrait un vol puni par les articles 379 et 401 du Code pénal d'un emprisonnement d'un an au moins, de cinq ans au plus, d'une amende de 16 à 500 francs, sans compter l'interdiction des droits énumérés dans l'article 42 du même Code et le renvoi sous la surveillance de la haute police, pendant le même temps, qui peuvent lui être appliqués par le tribunal ou la cour.

Toutefois par exception à ce que nous venons de dire en dernier lieu, il sera loisible de tuer les pigeons même pendant le temps où ils ne doivent pas être renfermés s'ils commettent un dégât. Ce droit, bien entendu, ne pourra être légitimement exercé qu'au moment même du dommage. L'article 12 de la loi des 18 septembre, 6 octobre 1791 le dit formellement : « Si ce sont des volailles, de quelque espèce que ce soit, qui causent le dommage, le propriétaire, détenteur ou fermier qui l'éprouvera

1. Demolombe, t. X, n° 180. — Rouen, 14 fév, 1845.

pourra les tuer, mais seulement sur le lieu et au moment du dégât. »

Ainsi pendant le temps fixé par le maire pour la fermeture des colombiers, tout pigeon errant pourra être tué et pris qu'il commette ou non un dégât. Pendant tout le reste de l'année il ne sera permis de tuer un pigeon que s'il cause un dommage et au moment même. Dans toute autre circonstance, le tuer serait répréhensible et le prendre commettre un vol.

Mais quelle règle suivre si le maire a négligé de prendre un arrêté relatif à la fermeture des colombiers? Dans ce cas, sans aucun doute, il sera permis toute l'année de tuer les pigeons au moment où ils causeront un dommage. Ne faudrait-il pas aller plus loin, et dire que la négligence du maire, ne pouvant préjudicier à ses administrés, il sera permis de les tuer au moment des semailles, et de la maturité des récoltes comme si la fermeture des colombiers avait été ordonnée, c'est-à-dire qu'ils commettent ou non des dégâts?

Nous ne croyons pas qu'il soit possible d'aller jusque-là, le décret du 4 août 1789 paraissant bien ne donner aux pigeons la qualité de gibier, qu'à la condition qu'un arrêté aura été pris pour ordonner la fermeture des colombiers.

Un doute sérieux existe sur le point de savoir si, après avoir tué un pigeon, au moment où il cause un dégât, il est permis de se l'approprier en l'absence d'un arrêté prescrivant la fermeture des colombiers? De nombreux auteurs le soutiennent[1] à tort d'après nous; la nature des pigeons nous paraissant varier, suivant qu'un arrêté en prescrivant la fermeture des colombiers les a assimilés au gibier, ou qu'au contraire en l'absence d'arrêté, ils sont demeurés animaux domestiques, et par conséquent propriété privée de leur maître. Si notre interprétation du décret de 1789 est exacte, sur quoi, en l'absence d'arrêté du maire, celui qui aurait tué un pigeon, pourrait-il se fonder pour le soustraire à son véritable propriétaire?

SECTION III.

NEIGE.

Les deux sections précédentes ont été consacrées à l'étude des différentes extensions que le préfet peut donner au droit commun. Celle-ci et la suivante contiendront les restrictions qu'il lui est loisible d'y mettre.

Lorsque la terre est couverte de neige, le gibier peut difficilement se soustraire aux poursuites du chasseur. Indépendamment de la peine qu'il éprouve à se nourrir, ce qui le rend moins actif à veiller à

1. Villequez, *Droit de destruction des animaux*, p. 192 et suivantes. — Dalloz, *Chasse*, n° 194, § 6. — Gillon et Villepin, n° 217 — Paris, 11 nov. 1857.

sa conservation, il ne peut faire un pas sans laisser des traces de son passage. Permettre la chasse en ce temps comme en tout autre aurait été dans bien des cas exposer certaines espèces de gibier à une destruction trop grande, et, d'un autre côté, l'interdire d'une manière absolue, aurait eu pour résultat de priver les chasseurs de certains passages de gibiers nomades, souvent plus abondants en temps de neige qu'en tout autre Telles sont les raisons qui ont fait donner aux préfets le droit d'interdire la chasse pendant les temps de neige, et ont empêché le législateur de l'interdire lui-même d'une manière absolue.

Le préfet est parfaitement libre d'interdire ou de ne pas interdire la chasse pendant les temps de neige. Ce n'est pas une obligation qui lui est imposée, mais une faculté qui lui est donnée. « Ils pourront prendre également des arrêtés[1]. » A la différence des arrêtés, relatifs aux oiseaux de passage, au gibier d'eau, aux animaux malfaisants ou nuisibles, ceux destinés à interdire la chasse en temps de neige et la destruction des oiseaux, dont nous parlerons à la section suivante, ne sont pas soumis à l'avis préalable des conseils généraux. Cependant le ministre invite les préfets à le prendre, sans toutefois leur en imposer l'obligation.

« Vous remarquerez, écrit-il, que pour les arrêtés que vous aurez à prendre en vertu des trois derniers paragraphes de l'article 9 de la loi, il n'est plus

---

1. Loi du 3 mai 1844, art. 9. Seconde disposition.

exprimé, comme pour les trois premiers paragraphes, que vous devrez prendre l'avis du conseil général. Je vous engage cependant à recourir également à cet avis; car il s'agit ici de mesures du même ordre, et sur lesquelles les lumières et les connaissances locales des membres du conseil général ne peuvent que vous être utiles. C'est d'ailleurs *sur l'avis* du conseil que vous aurez à agir, c'est-à-dire que vous n'êtes pas tenu de statuer conformément à cet avis, dont vous avez le droit de vous écarter lorsque l'intérêt public vous paraîtra le réclamer[1]. »

L'arrêté pris pour interdire la chasse en temps de neige, peut aussi bien édicter une prohibition générale qu'une prohibition spéciale à certaines espèces de gibier seulement[2]. Dans ce cas, si une difficulté s'élève, à qui incombera la charge de la preuve? Sera-ce au chasseur à prouver que le gibier qu'il a tiré n'était compris dans aucune des espèces prohibées, ou à l'administration à fournir la preuve contraire? Nous croyons, contrairement à l'avis de la cour de Paris[3], que la preuve devra être mise à la charge du chasseur. Ne sommes-nous pas, en effet, dans un cas d'exception, et n'est-il pas de principe, que c'est à celui qui invoque une exception à la prouver[4].

La jurisprudence paraît être définitivement fixée sur la portée des arrêtés préfectoraux, qui interdi-

1. Circ. du Ministre de l'intérieur du 20 mai 1844.
2. Colmar, 8 fév. 1868.
3. Paris, 22 mai 1845.
4. Caen, droit du 11 fév. 1845. — Petit, t. I, p. 398.

sent la chasse en temps de neige. Tant qu'ils n'ont pas été modifiés ou rapportés ils conservent tout leur empire [1]. Tel n'est pas notre avis et tel ne paraît pas avoir été celui du ministre de l'intérieur qui nous semble avoir très-bien saisi la pensée du législateur : « Vous aurez à examiner, dit-il, si la mesure en raison des *circonstances locales* vous paraîtra nécessaire..... Il suffira qu'au commencement de l'hiver vous preniez et fassiez publier un arrêté portant défense de chasser quand il y aura de la neige sur la terre [2]. »

Le législateur n'a pas prohibé d'une manière absolue la chasse en temps de neige, parce que deux intérêts se trouvaient en présence et qu'il ne pouvait sauvegarder l'un qu'en sacrifiant l'autre. Il a préféré donner aux préfets le droit, suivant les cas, d'autoriser ou de prohiber la chasse pendant ce temps. Le préfet placé au centre du département est mieux que personne à même des avoir s'il y a des passages de gibier dont il doit laisser jouir ses administrés même en temps de neige, et si la conservation du gibier sédentaire exige qu'il suspende momentanément la chasse. Déclarer ses arrêtés permanents serait pour ainsi dire les transformer en édits perpétuels et retomber dans l'inconvénient que le légis-

1. Cass., 24 juill. 1844. — Riom, 10 fév. 1847. — Cass., Chambres réunies, 29 nov. 1847.
2. Circ. du Ministre de l'intérieur du 20 mai 1844.

lateur a voulu éviter en ne prohibant pas lui-même la chasse en temps de neige [1].

Il est impossible de déterminer exactement quand la terre sera suffisamment couverte de neige pour donner lieu à l'application de l'arrêté du préfet. Les tribunaux devront dans tous les cas se déterminer en fait. Néanmoins il est possible de poser un principe qui puisse servir de règle. Quelle a été la pensée du législateur? Il a voulu protéger le gibier, par conséquent il ne suffira pas d'une couche très-mince de neige, qui laisse à découvert une partie du territoire et ne facilite guère par conséquent la capture du gibier; il faudra une quantité suffisante pour que le gibier y laisse des empreintes reconnaissables, et qu'ainsi il soit plus facile de le découvrir et de le prendre [2].

SECTION IV.

PROHIBITION DE DÉTRUIRE LES OISEAUX.

Le garde des sceaux a donné la cause de cette prohibition : « Dans certaines contrées, a-t-il dit, en présentant la loi à la chambre des pairs, les oiseaux ont disparu presque entièrement. Les oiseleurs en les détruisant ont causé à l'agriculture un préjudice

1. Besançon, 27 janv. 1847. — Petit, t. I, p. 400 à 402.
2. De Neyremand, p. 370. — Petit, t. I, p. 397, — Cass., 4 mai 1848.

immense : si les insectes malfaisants se sont multi-
pliés d'une manière vraiment désastreuse, c'est que
les oiseaux qui en font leur nourriture, diminuent
de jour en jour. Quelques préfets ont voulu combattre le mal en défendant, par des arrêtés, de tuer les
oiseaux qui vivent d'insectes ; mais la législation actuelle ne leur donnait pas le droit de prendre ces arrêtés. Leurs défenses n'ont pas été sanctionnées par les
tribunaux ; elles sont restées sans effet. Le mal a con-
tinué et fait chaque jour de nouveaux progrès. C'est
pour y remédier que la loi accorde aux préfets un
pouvoir qu'ils n'avaient pas jusqu'ici et dont ils se
serviront dans l'intérêt des campagnes. »

Rien n'est plus clair que cet exposé des motifs, et
rien ne saurait mieux préciser les pouvoirs conférés
au préfet. Il ne s'agit pas d'autoriser des modes ou
procédés de chasse autres que ceux admis par le législateur ; il s'agit au contraire de les interdire si la
nécessité de sauvegarder les oiseaux utiles à l'agriculture se fait sentir.

Nous avons précédemment dit que ces arrêtés ne
sont pas plus soumis à l'avis préalable des conseils généraux que ceux relatifs au temps de neige. Il est également certain que le préfet n'est pas astreint à les publier dix jours au moins avant l'époque où ils devront produire leur effet. Dans tous les cas le préfet
est libre d'interdire ou de ne pas interdire la chasse
aux oiseaux. C'est une faculté et non une obligation
qui lui est imposée par la loi.

L'arrêté qui prohibe la destruction des oiseaux

doit-il être renouvelé tous les ans ou produit-il son effet tant qu'il n'a pas été modifié ou rapporté? Nous croyons qu'il faut lui appliquer la même règle qu'aux arrêtés relatifs au temps de neige, c'est-à-dire le déclarer annuel et non permanent.

CHAPITRE IV.

PROHIBITION DE TRANSPORTER, COLPORTER, METTRE
EN VENTE, VENDRE OU ACHÉTER DU GIBIER EN
TEMPS PROHIBÉ. — DE PRENDRE OU DE DÉTRUIRE
DES OEUFS ET COUVÉES DE FAISANS, PERDRIX |OU
CAILLES.

L'article 4 est ainsi conçu : « Dans chaque département il est interdit de mettre en vente, de vendre,
d'acheter, de transporter et de colporter du gibier
pendant le temps où la chasse n'y est pas permise.

« En cas d'infraction à cette disposition, le gibier
sera saisi et immédiatement livré à l'etablissement de
bienfaisance le plus voisin, en vertu soit d'une ordonnance du juge de paix, si la saisie a eu lieu au
chef-lieu de canton, soit d'une autorisation du maire,
si le juge de paix est absent, ou si la saisie a été faite
dans une commune autre que celle du chef-lieu.
Cette ordonnance ou cette autorisation sera délivrée
sur la requête des agents ou gardes qui auront opéré
la saisie et sur la présentation du procès-verbal régulièrement dressé.

« La recherche du gibier ne pourra être faite à domicile que chez les aubergistes, chez les marchands de comestibles et dans les lieux ouverts au public.

« Il est interdit de prendre ou de détruire, sur le terrain d'autrui, des œufs et des couvées de faisans, de perdrix et de cailles. »

Cet article contient plusieurs dispositions qui toutes ont pour but de favoriser la reproduction du gibier et d'empêcher le braconnage.

Dans un premier paragraphe nous étudierons la prohibition elle-même de mettre en vente, de vendre, d'acheter, de colporter et de transporter le gibier en temps prohibé ; dans un second, la sanction mise à cette prohition ; dans un troisième et dernier, la défense de prendre les œufs et couvées de faisans, perdrix et cailles.

§ I. *Prohibition de mettre en vente, vendre, acheter, transporter et colporter du gibier en temps prohibé.*

Rien n'est plus sage que cette disposition, qui a le rare mérite d'enlever au braconnage son débouché. Avant d'en étudier la portée, demandons-nous ce que le législateur a voulu dire par ces mots : *mettre en vente, vendre, acheter, transporter et colporter.*

Mettre en vente signifie exposer une chose dans un lieu ou elle peut être vue, avec l'intention de la vendre. *Vendre*, c'est céder une chose soit à prix d'argent, soit pour toute autre chose. *Acheter*, c'est acquérir une chose moyennant un prix. *Transporter*, c'est déplacer, c'est porter d'un endroit à un autre. *Colporter*, c'est porter une chose avec soi dans l'intention de l'offrir en vente[1].

Comme on le voit, les expressions employées par le législateur sont aussi larges que possible. Elles embrassent tous les cas et nous montrent toute la portée de la prohibition, qui comprend sans contredit le gibier tué dans un enclos tout aussi bien que celui tué en délit. La question a été vivement agitée dans la discussion de la loi. « N'est-ce pas une dérision contre le droit de propriété, à dit M. Vatout, que de la traiter ainsi, c'est-à-dire de rendre illusoire l'article 2 ? Un propriétaire habite Paris, il a sa famille à Paris, il y a sa maison, ses domestiques ; il va le dimanche chasser dans son parc à quatre lieues de Paris ; il chasse selon la faculté que lui en donne l'article 5, il tue quelques pièces de gibier, qu'en fera-t-il ? — Il mangera son gibier » sur place, lui a répondu M. Glais-Bizoin.

M. Glais-Bizoin avait raison, car indépendamment de la difficulté presque insurmontable qu'on aurait éprouvée à constater l'identité du gibier tué dans un enclos ; difficulté qui aurait eu pour résultat de lais-

1. Petit, t. I, p. 501 à 503.

ser passer comme tel du gibier tué en délit, c'eût été méconnaître la pensée du législateur qui n'a admis le bénéfice de l'article 2 qu'en considération seulement du respect dû au domicile.

De ces deux raisons la première nous indique clairement que la vente du gibier provenant de l'étranger n'est pas plus permise en temps prohibé que celle du gibier français. Cette règle cependant souffre exception dans le cas où le gibier de provenance étrangère appartiendrait à des espèces non acclimatées en France. La question a été formellement tranchée pour les *grouses* (gibier vivant en Écosse)[1] ainsi que pour certaines espèces de gibier vivant dans les régions les plus froides de la Russie et connues sous les noms de *grand coq de bruyère*, de *gélinotte noire* ou *coq de bruyère à queue fourchue* et de *gélinotte blanche ou logapède des saules*[2]. Nous croyons pouvoir étendre l'exception à toutes les espèces n'existant pas en France, car la cause de la prohibition disparaissant, l'effet doit disparaître aussi.

Il n'y a pas à distinguer si le gibier a été colporté ou vendu, mort ou vivant, l'article 4 sera aussi applicable dans un cas que dans l'autre[3]. Mais que décider pour le gibier cuit ? Pourra-t-on poursuivre comme ayant mis en vente du gibier en temps prohibé, le marchand de comestibles qui aura exposé

1. Circ. du Ministre de l'intérieur, 20 nov. 1860.
2. Circ. du Ministre de l'intérieur, 22 fév. 1868.
3. Petit, t. 1, p. 493. — Contra. Circ. du Ministre de l'intérieur du 22 juill. 1851.

dans son étal des pâtés de lièvres ou de perdreaux ?
Plusieurs auteurs tiennent pour l'affirmative[1] et entre autres arguments, ils invoquent un arrêt de la
table de marbre (17 avril 1674) qui est ainsi conçu :
« Défendons aux pâtissiers de mettre en pâté : les
lièvres depuis le 1er jour de carême de chaque année
jusqu'au dernier juin suivant et les perdrix depuis le
même temps jusqu'au dernier juillet, à peine de confiscation et de 20 livres d'amende pour chaque pièce
de gibier tant contre l'acheteur que contre le vendeur ; les bêtes rousses ou noires en tout ou en partie, à peine de confiscation et de 250 livres par chaque cerf, biche ou paon, de 25 livr.. pour chevreuil,
marcassin ou sanglier. »

Tout en reconnaissant qu'il serait préférable d'é-
tendre jusque-là la prohibition de l'article 4, nous ne
pouvons croire que telle ait été la volonté du législateur.

On ne peut dire en effet qu'un pâté dans lequel,
parmi bien d'autres choses, est entré du gibier, soit à
proprement parler du gibier. Quant à l'arrêt de la
table de marbre, il a disparu avec la féodalité et ne
saurait fournir aucun argument[2].

Il n'est question dans notre article que du gibier ;
par conséquent tout animal sauvage qui n'est pas

---

1. Petit, t I, p. 403. — Gillon et Villepin, n° 83. — Giraudeau, n° 335.

2. Berriat-Saint-Prix, p. 39. — Championnière, p. 35. —
Rogron, p. 72 — Rouen, 25 octobre 1844. — Cass. 21 déc.
1844.

gibier peut être vendu, colporté, tout aussi bien en temps de fermeture qu'en temps d'ouverture[1]. Cependant parmi les animaux que le préfet peut classer comme malfaisants ou nuisibles il en est dont la chair est propre à l'alimentation. Que décider à leur égard? Pourront-ils être vendus, colportés, achetés en temps prohibé? Le texte de la loi ne semble pas le permettre, car il ne fait aucune distinction[2]. Néanmoins il eût été regrettable d'empêcher le destructeur de tirer avantage d'un bien très-légitimement acquis; aussi le ministre de l'intérieur autorise-t-il dans tous les cas le transport de l'animal malfaisant du lieu où il a été tué au domicile du destructeur. Par exception il permet, pour les lapins seulement, qu'ils soient non-seulement transportés mais encore colportés et vendus[3].

La circulaire ne dit rien des *bêtes fauves* que le propriétaire ou fermier peut en tout temps détruire sur ses terres au moment où elles lui causent un dommage. Pouvons-nous par analogie décider que le destructeur aura le droit de les apporter chez lui, quand elles rentreront dans la classe du gibier et n'auront pas été déclarées malfaisantes ou nuisibles? La négative nous paraît seule acceptable; l'opinion contraire violerait tout à la fois la lettre et l'esprit de la loi.

1. Cass., 23 juill. 1858; D. 58, I, 377.
2. Douai, 5 mai 1848. — Amiens, 27 juin 1857. — Cass., 26 mai 1853.
3. Circ. du Ministre de l'intérieur du 25 avril 1862.

Les expressions *pendant le temps où la chasse n'y est pas permise* (art. 4) doivent-elles s'entendre seulement du temps qui s'écoule entre la fermeture d'une année et l'ouverture de l'année suivante? Ou bien embrassent-elles, dans leur généralité, la prohibition de chasser en temps de neige? La jurisprudence décide avec raison qu'elles ne comprennent pas le temps de neige, mais seulement la fermeture générale[1].

Il va sans dire que pendant la fermeture générale, il sera permis de vendre, colporter le gibier d'eau, si un arrêté spécial en autorise la chasse, car relativement à ce gibier, on se trouve en temps d'ouverture.

De nombreuses réclamations se sont élevées contre la disposition qui nous occupe. C'est à tort, a t-on dit, que la défense de vendre, colporter, transporter le gibier suit immédiatement la clôture. Les lois du grand-duché de Bade et du royaume d'Italie sont beaucoup plus sages. La première donne vingt-quatre heures et la seconde huit jours après la fermeture pour le transport et la vente du gibier[2]. Une pétition fut adressée à la Chambre pour obtenir une modification à la loi. Mais elle fut repoussée par l'ordre du jour[3].

1. Cass., 22 mars 1845. — Rennes, 6 mars 1850.
2. *Revue des eaux et forêts*, chronique, 1869, p. 247.
3. *Moniteur* du 23 fév. 1845.

§ II. *Sanction de la prohibition de mettre en vente, acheter, colporter ou transporter le gibier en temps prohibé.*

La seconde disposition de l'article 4 doit être rapprochée de l'article 12 § 4, qui punit d'une amende de cinquante à deux cents francs et d'un emprisonnement facultatif de six jours à deux mois ceux qui auront, en temps où la chasse est prohibée, mis en vente, vendu, acheté, transporté ou colporté du gibier. Nous reviendrons sur cet article au chapitre des peines; occupons-nous, pour le moment, de la saisie ordonnée par l'article 4.

Rien n'est plus simple que la procédure de cette saisie. Un des agents chargés de constater les infractions à la loi de 1844 surprend quelqu'un vendant ou transportant du gibier en temps prohibé; il commence par saisir le gibier, dresse ensuite procès-verbal, et présente le gibier avec sa requête au juge de paix, si la saisie a eu lieu au chef-lieu de canton, au maire si le juge de paix est absent, ou si la saisie a été faite dans une commune autre que celle du chef-lieu. L'un de ces deux magistrats rend une ordonnance ou donne une autorisation en vertu de laquelle le gibier saisi sera immédiatement livré à l'établissement de bienfaisance le plus voisin.

Nous venons de supposer le cas le plus simple, celui de vente ou de transport faits ostensible-

ment. Mais tel ne sera pas le cas le plus ordinaire.
Aussi fallait-il autoriser certaines perquisitions, tout
en sauvegardant le plus possible l'inviolabilité du
domicile. C'est ce qu'a compris le législateur en
n'autorisant la recherche du gibier à domicile que
chez les aubergistes, marchands de comestibles et
dans les lieux ouverts au public.

Restreintes dans ces limites, les perquisitions
pourront-elles au moins être faites dans toutes les
parties du domicile des aubergistes et marchands de
comestibles ou seulement dans celles ouvertes au
public? MM. Petit et Giraudeau croient qu'elles ne
pourront pas être faites partout [1]. M. de Neyremand
est d'un avis contraire, pour l'excellente raison qu'une
telle perquisition serait dérisoire [2].

§ III. *Défense de prendre ou de détruire sur le terrain
d'autrui les œufs et couvées de faisans, de perdrix
et de cailles.*

Le projet primitif de la loi contenait la prohibition de mettre en vente, de vendre et de colporter
les œufs et couvées de faisans, perdrix et cailles.
Dans la discussion, à la Chambre des pairs, on
proposa d'y ajouter celle de les acheter et de les
transporter. Mais aucune de ces propositions ne fut

1. Petit, t. I, p. 501. — Giraudeau, n° 297.
2. De Neyremand, p. 454.

admise et on se contenta, dans la rédaction définitive, de défendre la prise ou la destruction des œufs
et couvées *sur le terrain d'autrui*.

Ces derniers mots eux-mêmes furent vivement
critiqués et on proposa plusieurs fois de les effacer,
ce qui aurait eu le grave inconvénient d'empêcher
l'élevage du gibier. Qui ne sait, en effet, que chaque
année, au moment de la fauchaison des prés et des
prairies artificielles surtout, une grande quantité
d'œufs se trouveraient détruits, si on n'avait soin de
les recueillir et de les faire couver. Aussi l'un des
plus puissants moyens de propagation du gibier aurait été supprimé, si le législateur n'avait eu soin
d'interdire la prise ou la destruction des œufs que
sur le terrain d'autrui.

CHAPITRE V.

L'article 28 de notre loi n'est que la reproduction,
avec quelques modifications, il est vrai, de l'art. 1384
du Code civil. Signalons de suite les principales différences qui les séparent. L'énumération des personnes
déclarées responsables par l'article 1384 est plus
étendue que celle de l'article 28. Il n'est pas fait
mention dans ce dernier article des instituteurs et
artisans qui sont déclarés par le Code civil responsables des dommages causés par leurs élèves et ap-
prentis; devons-nous leur appliquer les dispositions
spéciales de la loi sur la chasse? Nous ne le croyons
pas, car l'énumération de l'article 28 est limitative.
A l'égard des père, mère, tuteur, maîtres et commettants, l'article 28 exige une condition de plus que le
Code civil pour les déclarer responsables des délits
commis par leurs enfants. Il faut non-seulement que
les enfants soient mineurs et demeurent avec eux,
mais encore qu'ils ne soient pas mariés.

L'article 28 limite la responsabilité de ces personnes

aux dommages-intérêts et aux frais. Il déclare les père, mère, tuteur, maîtres et commettants civilement responsables des délits de chasse commis par leurs enfants mineurs non mariés, pupilles demeurant avec eux, domestiques ou préposés, sauf tout recours de droit. Trois conditions sont nécessaires pour que la responsabilité des père, mère, tuteur soit encourue. Il faut que l'enfant soit mineur, non marié et demeure avec eux.

On s'est demandé si les père et mère étaient tenus conjointement et solidairement des délits de chasse commis par leurs enfants ? La négative a été admise sans peine, pour cette excellente raison que la responsabilité qui leur incombe a sa source dans l'autorité que la loi leur confère sur leurs enfants et dans le devoir de surveillance qui leur est imposé. Il eût donc été injuste de déclarer la mère responsable conjointement avec son mari, alors que pendant le mariage elle n'exerce l'autorité paternelle qu'à défaut du mari (art. 148, 373, 374, 375, 477, C. C.). Au surplus, l'article 1384 le dit formellement : « Le père, et la mère après le décès du mari, » Il n'est pas permis d'hésiter à appliquer cette règle au cas qui nous occupe, car le législateur de 1844 a pris soin de dire : « Cette responsabilité sera réglée conformément à l'article 1384 du Code civil. »

Mais l'article 1384 ne parle que du cas de prédécès du mari. Il n'en faudrait pas conclure qu'il soit le seul où la responsabilité de la mère puisse prendre naissance. Si le père est absent, dans le sens légal du mot, c'est-à-dire si l'on est incertain sur son existence, s'il est interdit ou si, par suite d'une séparation de corps, la mère a été chargée de l'éducation d'une partie des enfants (art. 302), elle sera sans contredit responsable des délits commis par eux. Il en serait encore de même dans le cas où elle se serait remariée Son nouveau mari, simple co-tuteur des enfants, ne serait pas responsable (art. 396, C. C.), car l'article 28 ne fait peser cette responsabilité sur le tuteur qu'à défaut des père et mère.

Par mineur l'article 28 entend l'individu qui n'a point encore l'âge de vingt et un ans accomplis (art. 388, C. C.). Ce même article ajoute que la responsabilité des père et mère ne sera encourue que si le mineur n'est *pas marié*. Que faudrait-il décider s'il devenait veuf avant sa majorité? A ne consulter que la lettre de la loi on serait tenté de croire que la responsabilité des parents doit revivre. Mais ce serait en violer l'esprit. Quel est en effet le motif qui a porté le législateur à décharger les père et mère de la responsabilité des délits de chasse commis par leurs enfants mineurs et mariés? C'est que le mariage a pour effet d'émanciper de plein droit le mineur (art. 476, C. C.), de le rendre chef de famille et de le soustraire par là même à la surveillance et à l'autorité directe de ses parents. Les déclarer responsables eût donc été faire survivre l'effet à la cause, car la responsabilité a sa source dans l'autorité paternelle et le devoir de surveillance. Ces raisons vraies pendant la durée du mariage le sont tout autant après sa dissolution qui n'entraine pas le retrait du bénéfice de l'émancipation. Il faut donc laisser subsister toutes les conséquences qui résultaient de ce fait. Toutefois, une restriction doit y être apportée pour le cas où le bénéfice de l'émancipation serait retiré au mineur conformément aux articles 485 et 48r du Code civil.

Ces réflexions nous amènent à examiner la question de savoir si la resporsabilité des père et mère subsiste lorsque l'enfant mineur est émancipé.

Non-seulement le mineur est émancipé de plein droit par le mariage, il peut encore l'être par la volonté du père et de la mère aux termes de l'article 477 du Code civil. Cette émancipation fait-elle cesser la responsablt?

M. Petit le soutient. « Je ne puis partager l'opinion contraire, dit-il. Que le père ait eu tort ou non d'émanciper son enfant, peu importe ; il a usé d'un droit, et dès que la puissance paternelle lui échappe, et avec elle les moyens d'empêcher un délit, la responsabilité ne peut lui rester. Si l'on s'en tient à la lettre de la loi, on est porté à croire que c'est au mariage et non à l'émancipation qu'est attribuée la cessation de la responsabilité, mais évidemment ce n'est pas là ce qu'a voulu le législateur. Je sais bien qu'il est toujours difficile de lutter contre le texte, et que c'est franchir les limites de la doctrine que de faire dire à la loi ce qu'elle ne dit pas, même en démontrant qu'elle aurait dû le dire ; cependant il faut bien avoir quelque égard à l'esprit d'une loi et à l'intention de ceux qui l'ont faite, puisque c'est leur volonté qu'il s'agit de constater et de faire exécuter. Nous venons d'énoncer les motifs qui ont porté le législateur à dispenser les père et mère de la responsabilité lorsque les enfants mineurs étaient mariés; évidemment les mêmes raisons existent pour les cas d'émancipation; comment admettre une conclusion contraire? Est-il possible, sous le prétexte de respecter le texte de la loi, de proclamer que la responsabilité cessera lorsque l'émancipation du mineur aura lieu par mariage et qu'elle ne cessera pas lorsque l'émancipation sera l'effet de la volonté du père ou de la mère. Cette distinction répugnera à tous ceux qui se souviendront que le législateur fait cesser la responsabilité, non pas à cause du mariage en lui-même, mais à raison des changements qu'il apporte dans les positions. Le mariage enlevant aux père et mère tous les moyens d'empêcher les actions de leurs enfants, il n'était pas possible de leur en laisser la responsabilité. Eh bien, ces changements que le mariage apporte sont nécessairement aussi les effets d'une émancipation; et lorsque la loi, dans un cas comme dans l'autre, enlève les moyens de prévenir un délit, peut-on raisonnablement soutenir que, dans l'un des deux, la conséquence subsistera malgré l'absence de la cause qui doit la produire? Pour ne pas arriver à un résultat aussi inique, il faut, disais-je dans ma première édition, lire dans l'article 6 de la loi du 30 avril 1790 : *non émancipés*, au lieu de *non mariés*. Ce que je disais sous l'empire de la loi de 1790, je le répète sous la loi de 1844, dont l'article 28 reproduit les mots *non mariés* de l'ancienne législation. On se met ainsi d'accord avec le droit commun qui fait cesser la responsabilité des père et mère quand ils prouvent qu'ils n'ont pu empêcher le fait, et l'on rend hommage au législateur en proclamant clairement sa volonté au lieu d'équivoquer sur des mots afin de parvenir à la méconnaître[1]. »

Malgré la force de cette argumentation, nous ne croyons pas qu'elle puisse prévaloir sur un texte aussi formel que celui de l'article 28. Dire, comme le soutient M. Petit, qu'il faut substituer les expressions *non émancipés* aux mots *non mariés*, ce n'est pas interpréter la loi, mais la faire. S'il est quelquefois permis de faire prédominer l'esprit de la loi sur le texte lui-même, il n'est jamais loisible de prêter au législateur une pensée qui est formellement opposée à celle qu'il a exprimée.

Or quelle pourrait être la portée de ces mots *non mariés*, sinon de faire exception pour un cas seulement, celui d'émancipation résultant du mariage, à la règle générale de la responsabilité des parents ? Rien d'ailleurs n'est plus raisonnable que cette distinction : l'émancipation par suite du mariage diffère grandement de celle qui résulte de la volonté des parents ; dans le premier cas c'est la loi elle-même qui octroie le bénéfice de l'émancipation, dans le second c'est la volonté de l'homme. N'en peut-on

---

1. Petit, t. II, p. 269 et 270.

pas conclure que la responsabilité doit cesser dans l'un et persister dans l'autre.

Mais, nous objectera-t-on, l'émancipation quoiqu'elle provienne de sources différentes, n'en produira pas moins les mêmes effets dans les deux cas; elle soustraira toujours l'enfant à la puissance paternelle. Comment dès lors ne pas décharger aussi les parents de leur responsabilité? La réponse est facile et résulte de ce que nous avons déjà dit. Déclarer le père responsable en cas de mariage de son fils eût été souverainement injuste parce que la loi elle-même lui enlève son autorité. Dans le cas au contraire où il émancipe lui-même son fils, c'est volontairement qu'il abdique son autorité, il n'y a rien d'inique à lui faire subir les conséquences d'un acte qu'il lui était loisible de ne pas faire[1].

La responsabilité de l'article 28 sera donc encourue même s'il s'agit de mineurs émancipés sauf quand l'émancipation résultera du mariage. Le législateur ajoute la condition que le mineur demeure avec ses parents. Cette expression *demeurant* a été une très-heureuse innovation sur la loi de 1790 qui se servait du mot *domicilié*.

Le tuteur est également responsable des délits de chasse commis par son pupille, mais seulement à défaut des père et mère; sa responsabilité est la même que celle des parents et est encourue dans les mêmes cas.

1. Duranton, t. XIII, p. 374.

Notre article ajoute *les maîtres et commettants;*
..s répondent en effet des délits de chasse commis
par leurs domestiques ou préposés. Les conditions de
minorité et de résidence exigées quand il s'agit d'enfants et de pupilles, ne le sont plus s'il s'agit de domestiques et préposés. Mais la réglementation de la
responsabilité des maîtres et commettants sera la
même que celle des parents et tuteurs.

On s'est demandé si en vertu de l'article 7, titre II
de la loi des 28 septembre et 8 octobre 1791 sur la
police rurale, il ne fallait pas déclarer le mari responsable des délits de chasse commis par sa
femme?

La loi de 1791 ne parle que des délits ruraux et
ne semble pas s'être préoccupée des délits de chasse,
aussi faut-il décider que le mari n'est pas responsable.
Admettre cette responsabilité serait d'ailleurs ajouter
à la loi de 1844 qui n'en parle pas quoique la question de responsabilité du mari ait été posée dans la
discussion de la loi; mais elle a été écartée comme
inadmissible [1],

La responsabilité des père, mère, tuteur, maîtres et commettants sera réglée conformément à l'article 1384 du Code civil, dit en terminant l'article 28;
par conséquent les parents seront responsables à
moins de prouver qu'ils n'ont pu empêcher le fait,
qui donne naissance à leur responsabilité; car la

1. De Neyremand, p. 364. — Gillon et Villepin, n° 452 à 456.
— Rogron, p. 305.

présomption légale sera toujours contre eux et ne pourra disparaître que devant la preuve contraire.

Il en sera autrement des maîtres et commettants qui ne pourront faire cette preuve ; ils sont obligés principalement, tandis que les parents ne sont qu'obligés accessoirement[1] ; mais à la différence des père et mère, ils ne seront responsables que si le délit a été commis par leurs subordonnés dans l'exercice des fonctions auxquelles ils les avaient préposés[2].

1. Toullier, t. XI, n° 282.
2. Rouen, 18 janv. 1837.

CHAPITRE VI.

DROIT DE POURSUIVRE LES INFRACTIONS A LA LOI DE 1844. — AGENTS PRÉPOSÉS A LEUR CONSTATATION ET MODES DE CETTE CONSTATATION.

Comme le titre lui-même de ce chapitre l'indique, nous avons à traiter trois points parfaitement distincts qui feront l'objet de trois sections spéciales. Mais auparavant il importe de déterminer quelle est la nature des infractions à la loi de 1844. Ces infractions constituent-elles des délits intentionnels ou des délits non intentionnels. L'intérêt de cette distinction apparaît immédiatement; dans le premier cas, il n'y aura lieu d'appliquer la peine que s'il y a eu intention mauvaise, dans le second elle sera toujours applicable qu'il y ait eu ou non intention.

A ne consulter que l'article 1 du Code pénal, on serait tenté de dire que les infractions à la loi de 1844 constituent des délits intentionnels, car cet article, classant les infractions en raison des peines qu'elles entraînent, appelle délit toute infraction que les lois punissent de peines correctionnelles; or il n'est pas douteux que les infractions à notre loi entraînent de telles peines. Mais ce serait donner à cet article une portée beaucoup trop grande : les criminalistes s'accordent en effet à reconnaître qu'il a pour but d'indiquer la compétence de la juridiction d'après la nature de la peine à laquelle l'accusation peut donner lieu.

M. Treilhard l'a dit formellement dans la discussion de la loi. « L'article 1er définit les expressions de crime, délit, contravention, trop souvent confondues et employées indifféremment. Désormais le mot *crime* désignera les attentats contre la société, *qui doivent occuper les cours criminelles.* Le mot *délit* sera affecté aux désordres moins graves, *qui sont du ressort de la police correctionnelle.* Enfin le mot *contravention* s'appliquera aux fautes *contre la simple police.* »

« L'article 1er du Code pénal, disent MM. Chauveau et Faustin Hélie, a donc eu pour seul but d'indiquer la compétence ; c'est là le seul principe qu'il ait voulu poser ; c'est une méthode, une règle d'application ; ce n'est point une théorie. »

« Si l'on jette un coup d'œil sur la législation générale, cette explication revêtira le caractère de la certitude. En effet, les contraventions en matière de presse, de librairie, d'impôts indirects, d'eaux et forêts sont exclusivement attachées à la juridiction correctionnelle ; et cependant le législateur a-t-il voulu élever ces contraventions au rang de délit ? Loin de là, il les proclame lui-même des contraventions matérielles. C'est parce que le fait d'une association illicite ne constitue qu'une simple contravention que la loi du 10 avril 1834 en a déféré le jugement aux tribunaux correctionnels. Par *délit*, dans l'article 1er, le législateur n'a donc pas entendu un délit exclusivement moral, mais un fait passible d'une peine que les tribunaux correctionnels peuvent prononcer[1]. »

Nous avons cru devoir rappeler ces principes trop souvent oubliés par les praticiens même les plus distingués, pour bien faire comprendre que l'article 1er du Code pénal ne pouvait en rien nous aider dans la solution de la question qui nous occupe. Mais si l'article 1er ne tranche qu'une question de compétence, où trouverons-nous la règle en vertu de laquelle nous pourrons dire que telle infraction constitue un *délit* intentionnel, telle autre un *délit* punissable par lui-même sans qu'on ait à se préoccuper de l'intention? D'abord, dans bien des cas le législateur prend soin de dire s'il faut ou non tenir compte de l'élément intentionnel. Lorsque dans une loi on rencontrera ces expressions : *celui qui aura sciemment*, ou toute autre semblable, il est certain que le délit qui résulte de son infraction est un délit intentionnel. Mais si on ne trouve aucune expression de ce genre, alors il faudra rechercher dans l'esprit de la loi quelle a pu être la pensée

---

1. Chauveau et Faustin-Hélie. — Théorie du C. pénal., t. I, p. 31 et 32.

du législateur. Nous l'avouons, cette étude sera souvent fort épineuse; et notamment, elle offre de grandes difficultés dans le cas spécial qui nous occupe; mais, comme elle est le seul moyeu de résoudre la question, il faut bien y recourir. Une circonstance toutefois devra être prise en grande considération : si la loi qui fait naître des doutes rentre dans la classe de celles pour lesquelles le législateur n'exige pas d'ordinaire l'élément intentionnel, et que rien d'ailleurs ne révèle une pensée contraire, elle devra leur être assimilée. Telle est en effet une des raisons principales qui ont toujours fait envisager les infractions à la loi de 1844 comme des *délits non intentionnels*. L'élément intentionnel, en effet, n'est pas exigé en matière d'eaux et forêts, de police rurale, qui ont une grande ressemblance avec celles de chasse, ou pour mieux dire les matières de chasse ne sont qu'une dépendance des précédentes.

SECTION 1ʳᵉ.

DROIT DE POURSUIVRE.

L'article 26 est ainsi conçu :

« Tous les délits prévus par la présente loi seront poursuivis d'office par le ministère public, sans préjudice du droit conféré aux parties lésées par l'article 182 du Code d'instruction criminelle.

« Néanmoins, dans le cas de chasse sur le terrain d'autrui sans le consentement du propriétaire, la poursuite d'office ne pourra être exercée par le ministère public sans une plainte de la partie intéressée qu'autant que le délit aura été commis dans un terrain clos, suivant les termes de l'article 2, et attenant à une habitation, ou sur des terres non encore dépouillées de leurs fruits. »

Cet article divise les délits de chasse en trois catégories, au point de vue des personnes qui peuvent en poursuivre la répression. Les uns ne peuvent être poursuivis que par le ministère public ; d'autres peuvent l'être par le ministère public et par la partie intéressée ; d'autres, enfin, ne peuvent l'être que par la partie intéressée.

1° Le ministère public a seul qualité pour poursuivre les délits suivants : chasse en temps prohibé[1], sans permis[2], pendant la nuit, avec appeaux, appelants et chanterelles. Il a seul aussi le droit d'intenter une action contre celui qui aurait contrevenu, 1° à l'article 4, qui prohibe le colportage et la vente du gibier en temps prohibé ; 2° à la règle qui n'autorise que la chasse à tir, à courre, et au furet ; 3° aux arrêtés préfectoraux pris en vertu de l'article 9 ; 4° enfin à la défense de détenir ou de porter des engins prohibés.

2° Délits pouvant être poursuivis tout à la fois

---

1. Cass., 23 fév. 1839.
2. Nancy, 18 janv. 1840.

d'office par le ministère public et par la partie inte-
ressée. — Notre article nous indique comme ren-
trant dans cette catégorie le délit de chasse accompli
sans permission sur le terrain d'autrui, si ce terrain
est clos suivant les termes de l'article 2 et attenant à
une habitation, ou si les terres ne sont pas encore
dépouillées de leurs fruits.

Il ne faut pas attribuer à cette disposition une trop
grande portée et croire, par exemple, que le ministère public pouvant poursuivre d'office, la preuve
de l'autorisation du propriétaire n'arrêterait pas les
poursuites commencées. En effet, si le propriétaire
a autorisé, il ne peut y avoir de délit, par conséquent la poursuite tombe d'elle-même. Mais alors à
quoi bon permettre une poursuite d'office qui n'aura
d'effet que si le propriétaire du terrain le veut bien,
car il lui suffira de dire : Ce n'est pas contre ma volonté que le fait de chasse a été accompli, pour que la
poursuite soit mise à néant. D'ailleurs cette poursuite
d'office n'est-elle pas le renversement de la règle,
qui ne permet au ministère public de poursuivre
celui qui aurait chassé sur le terrain d'autrui
sans le consentement du propriétaire, que s'il a
été saisi de l'affaire par la plainte du propriétaire
lui-même?

Cette dérogation aux principes ne peut s'expliquer
qu'historiquement. L'article 1er de la loi du 30 avril
1790 défendait d'une manière absolue, au propriétaire lui-même, de chasser sur ses terres jusqu'à *la
dépouille entière des fruits*. La loi du 3 mai 1844,

tout en modifiant le principe, en a reproduit la conséquence.

Au surplus, rien n'est plus clair que ce qu'a dit le
rapporteur et rien ne précise davantage la portée de
cette disposition :

« Le second paragraphe de l'article 26 que vous
avez voté a été modifié en ce sens, qu'en cas de
chasse sur le terrain d'autrui, sans le consentement
du propriétaire, le ministère public pourra poursuivre d'office si les terres ne sont pas encore dépouillées de leurs fruits. Quelques explications paraissent nécessaires :

« Dans le cas de chasse sur le terrain d'autrui
non couvert de fruits, le consentement du propriétaire était présumé sous l'empire de la loi du 30 avril
1790, et il l'est encore dans le projet de loi, puisque
la première partie du deuxième paragraphe de l'article en pose le principe. Il ne peut y avoir poursuite que par le propriétaire ou sur sa plainte.

« La chasse sur le terrain d'autrui chargé de fruits
était toujours punie par la loi du 30 avril 1790. Le
consentement du propriétaire ne légitimait pas le
fait, car la prohibition atteignait le propriétaire lui-
même.

« Le projet de loi change cet état de choses. Le
propriétaire qui chasse sur ses terres, non dépouillées de leurs fruits, ne commet pas de délit, et
on ne peut lui contester le droit de permettre
ce qu'il peut faire lui-même. C'est dans cet esprit qu'a été rédigé le deuxième paragraphe de l'ar-

ticle 11, qui ne punit le fait de chasse sur le terrain d'autrui non dépouillé de ses fruits que lorsque ce fait a eu lieu sans le consentement du propriétaire.

« Mais ce consentement sera-t-il présumé?

« On ne peut contester que le propriétaire d'un terrain couvert de fruits peut, à son gré, par tous moyens causer dommage à ces fruits : cela peut être un abus de la propriété, mais c'est son droit. S'il le fait par lui-même, la loi n'a pas à intervenir; s'il le fait par des tiers, la surveillance de la loi, son action ne doivent s'arrêter qu'au moment où il est établi que ces tiers ont, à un titre quelconque, représenté le propriétaire. Ce principe est la base du Code rural et il n'y a pas de motif pour en repousser l'application quand il s'agit d'un fait de chasse qui cause aux récoltes un dommage plus ou moins considérable.

« Au surplus, si la surveillance est nécessaire, la poursuite d'office n'aboutira à une condamnation qu'autant que la chasse aura eu lieu sans le consentement du propriétaire; c'est la disposition du deuxième paragraphe de l'article 11; ce sera au ministère public, avant d'intenter une action, à s'assurer s'il y a consentement, car la justification de ce consentement pendant l'instance fera tomber la poursuite. »

Aux deux cas que nous venons de mentionner, et dans lesquels la poursuite peut être dirigée soit par la partie intéressée, soit par le ministère public, il faut en ajouter un autre; en vertu du droit que lui confère l'article 182 du C. c., le propriétaire pourra, aussi bien que le ministère public, poursuivre ceux qui auraient sur ses terres employé des drogues de nature à enivrer le gibier ou à le détruire, ou qui auraient enlevé ou détruit des œufs ou couvées de faisans, de perdrix ou de cailles. Nous croyons qu'il faut aussi donner concurremment à la partie lésée et au ministère public le droit de poursuivre l'adjudicataire de la chasse, dans les bois soumis au régime forestier ou sur les propriétés des communes ou des établissements publics, s'il a contrevenu aux clauses de son cahier des charges.

3° La partie intéressée a seule qualité pour poursuivre les faits de chasse accomplis sur ses terres sans son autorisation. Le ministère public ne pourrait agir d'office, mais il devient pleinement capable quand il a été saisi par la plainte de la partie intéressée. Nous employons à dessein l'expression de *partie intéressée* plutôt que celle de propriétaire, parce que dans certains cas le propriétaire ne sera pas la partie intéressée. Ainsi, en cas de location d'une chasse, ce sera le locataire et non le propriétaire qui sera la partie intéressée[1].

La jurisprudence s'accorde aujourd'hui à reconnaître qu'une simple dénonciation de la partie intéressée suffira pour saisir le ministère public. Il en serait de même de la remise d'un procès-verbal au procureur de la République[2]. Mais une fois saisi, le mi-

1. Petit, t. II, p. 48.
2. Cass., 9 janv. 1844.

nistère public est libre de poursuivre même dans le cas où la partie plaignante viendrait à changer d'avis[1].

SECTION II.

AGENTS CHARGÉS DE CONSTATER LES CONTRAVENTIONS.

Nous trouvons dans les articles 22 et 23 l'énumération des personnes chargées de constater les délits de chasse et d'en dresser procès-verbal : ce sont les maires, adjoints, commissaires de police, officiers, maréchaux des logis ou brigadiers de gendarmerie, gendarmes, gardes forestiers, gardes-pêche, gardes-champêtres et gardes assermentés des particuliers et enfin, pour un cas spécial, les employés des contributions indirectes.

On s'est demandé si cette énumération était limitative ; et il a été très-généralement admis qu'elle n'était qu'énonciative et devait être complétée par le code d'instruction criminelle qui parle des procureurs du roi, de leurs substituts, des juges de paix, des juges d'instruction, des préfets des départements et du préfet de police[2].

La compétence de tous ces agents est loin d'être la même. A la gendarmerie seule, il appartient de verbali-

1. Rennes, 11 nov. 1840.
2. Petit, t. II, p. 5 et 6.

ser dans toute l'étendue du territoire français; que ce soit un officier ou un simple gendarme, peu importe. Quant aux autres officiers de police judiciaire, leur compétence est limitée au territoire confié à leur surveillance. Le préfet ne peut verbaliser au delà des limites du département. Un garde forestier ne pourrait verbaliser en plaine[1]. Le maire n'est compétent que sur le territoire de la commune. L'adjoint qui d'ordinaire ne doit agir qu'en l'absence du maire, peut en cette matière le faire concurremment avec lui[2]. Le garde particulier ne peut verbaliser que dans l'étendue de la propriété confiée à sa surveillance. Les employés des contributions indirectes et des octrois ne peuvent le faire que dans la limite de leurs attributions respectives, et s'il s'agit du délit consistant à avoir mis en vente, vendu, acheté, transporté ou colporté du gibier pendant le temps où la chasse était fermée.

L'article 25 prescrit aux agents chargés de constater les délits de chasse, de ne pas saisir ni désarmer les personnes qu'ils surprennent en flagrant délit. Rien n'est plus sage que cette prohibition qui a pour but d'éviter des conflits graves et quelquefois même des blessures ou la mort. Toutefois si les délinquants sont déguisés ou masqués ou s'ils refusent de faire savoir leur nom, ou enfin s'ils n'ont pas de domicile connu, il faut bien cependant arriver à les

1. Cass., 9 mai 1828. — Cass., 13 sept. 1834.
2. Petit, t. II, p. 8.

connaître, aussi sera-t-il permis de les conduire devant le maire ou le juge de paix, pour s'assurer de leur individualité.

Parmi les différentes classes d'officiers de police judiciaire que nous venons d'énumérer, il en est deux qui aux termes des articles 10 et 19 de notre loi, ont droit à une gratification toutes les fois qu'une amende est prononcée contre une personne qu'ils ont prise en contravention à la loi du 3 mai 1844. Ce sont les gardes et les gendarmes.

On proposa à la Chambre des pairs d'accorder également une gratification aux employés des contributions indirectes. Mais cela ne fut pas admis. Elle ne sera donc accordée qu'aux gendarmes, gardes forestiers, gardes champêtres et gardes assermentés des particuliers. La loi est trop formelle pour qu'on puisse étendre ce bénéfice à d'autres personnes. Par le mot *gendarme*, le législateur a clairement manifesté sa volonté d'exclure les officiers, maréchaux des logis et brigadiers ; et par le mot *gardes*, il n'a voulu indiquer que les simples gardes et non les gardes généraux ou brigadiers[1].

L'ordonnance royale qui, aux termes de l'article 10 de notre loi, devait déterminer le montant de ces gratifications, a été rendue le 19 mai 1845.

Elle est ainsi conçue :

Art. 1er. La gratification accordée aux gendarmes, gardes-forestiers, gardes champêtres et gardes asser-

---

1. Petit, t. II, p. 395 et 396.

mentés des particuliers, qui constateront des infractions à la loi du 3 mai 1844, sur la police de la
chasse, est fixée ainsi qu'il suit : huit francs pour
les délits prévus par l'article 11 ; quinze francs pour
les délits prévus par les articles 12 et 13, § 1er ; vingt-
cinq francs pour les délits prévus par l'article 13, § 2.

« Art. 2. La gratification est due pour chaque
amende; elle sera acquittée par les receveurs de
l'enregistrement, suivant le mode actuel et les
règles de la comptabilité ordinaire.

« Article 3 (modifié par le décret des 4 et 18 août
1852). Les receveurs de l'enregistrement tiendront
un compte spécial par commune, du recouvrement
des amendes prononcées pour infraction à la loi du
3 mai 1844, sur la police de la chasse. Ce compte
sera réglé chaque année, après le prélèvement des
gratifications, et de 5 pour 100 pour frais de régie.
Le produit restant des amendes recouvrées sera
compté à la commune sur le territoire de laquelle
l'infraction aura été commise.

« En cas d'excédant de dépense, à l'époque du
règlement, il ne sera exercé aucun recours contre la
commune; mais cet excédant sera reporté au compte
ouvert pour l'année suivante, dans lequel il formera
le premier article de la dépense.

« Les frais de poursuite tombés en non-valeurs,
seront remboursés conformément à l'article 6 de
l'ordonnance du 30 décembre 1823.

« Article 4. Il ne pourra être alloué qu'une seule
gratification, lors même que plusieurs agents auraient

concouru à la rédaction du procès-verbal constatant le délit.

« Art. 5. La présente ordonnance est applicable aux amendes qui auront été déjà prononcées, en vertu de la loi du 3 mai 1844.

« Art. 6. Nos ministres, etc..... »

Aux termes de cette ordonnance, la gratification varie de huit à vingt-cinq francs. Elle est due pour chaque amende prononcée, à la condition, bien entendu, que la condamnation soit devenue définitive, et qu'elle ait eu pour objet la répression d'une contravention à la loi de 1844.

Si plusieurs agents avaient concouru à la condamnation d'un seul individu, il ne serait dû qu'une seule gratification. A l'inverse, si un seul agent a constaté une contravention à la charge de plusieurs personnes, il lui sera alloué autant de gratifications qu'il sera intervenu de condamnations différentes.

La circonstance qu'un procès-verbal aurait été déclaré nul, n'empêcherait pas le garde-rédacteur d'obtenir une gratification, si par suite de témoignages, qui auraient complété la preuve, le prévenu avait été condamné. La gratification, en effet, n'est pas la conséquence du procès-verbal, mais de la condamnation.

C'est le receveur de l'enregistrement, qui est chargé d'acquitter le montant de la gratification sur le vu d'un mandat délivré au garde par le préfet, après qu'il a été justifié de la condamnation, soit par une expédition du jugement, soit par un certificat du procureur de la République ou du greffier.

Les gardes ou gendarmes ont un an, à dater de la condamnation, pour obtenir leur gratification. Passé ce délai, leur demande ne serait plus écoutée. Les gratifications, en effet, doivent être assimilées aux frais de justice criminelle qui se prescrivent par un an, aux termes de l'article 149 du décret du 18 juillet 1811.

SECTION III.

MODES DE CONSTATER LES CONTRAVENTIONS A LA LOI DE 1844.

Article 21. « Les délits prévus par la présente loi seront prouvés, soit par procès-verbaux ou rapports, soit par témoins à défaut de rapports et procès-verbaux, ou à leur appui. »

Le projet se terminait par ces mots :

« Conformément aux dispositions de l'article 154 du Code d'instruction criminelle. » Ils furent supprimés sur la proposition de M. Boudet[1] comme étant inutiles.

Deux modes de preuves sont donc admis en matière de délit de chasse. Commençons par le plus ordinaire, le procès-verbal; nous dirons ensuite un mot du témoignage.

1. *Moniteur* du 20 fév. 1844, p. 375.

§ 1. *Du procès-verbal.*

Dans la section précédente, nous avons vu quelles étaient les personnes compétentes pour dresser des procès-verbaux. Examinons quelles sont les formalités indispensables à leur validité, et la foi qui leur est attribuée.

Les procès-verbaux doivent être, à peine de nullité, écrits par le garde verbalisant, ou sous sa dictée par un des fonctionnaires auxquels la loi donne qualité pour le faire, tels que les juges de paix, leurs suppléants, les maires et adjoints. La loi de 1844 ne parle pas, il est vrai, de cette formalité, mais la jurisprudence se fonde pour l'exiger, sur l'article 3, titre 4, et l'article 6, titre 1er de la loi des 29 septembre et 6 octobre 1791, et enfin sur l'article 11 du Code d'instruction criminelle[1].

Les procès-verbaux devront être datés; car il ne peut y avoir d'acte sans date. Toutefois il ne sera pas nécessaire que la date figure en tête, ou à la fin du procès-verbal, il suffira qu'elle soit comprise dans l'acte de manière à éviter toute méprise.

Les procès-verbaux doivent être signés par le garde rédacteur, et cela dans le cas même où il aurait profité de la faculté qui lui est réservée de faire

[1]. Cass., 13 mars 1843. — Cass., 12 avril 1817. — Cass., 2 déc. 1810. — Cass., 8 déc. 1831.

écrire son procès-verbal par un des fonctionnaires désignés par la loi. Le garde fera bien d'indiquer son domicile, mais l'omission de cette formalité ne saurait entraîner la nullité du procès-verbal[1].

L'article 24 de la loi du 3 mai 1844 exige, à peine de nullité, une dernière formalité. Il faut que dans les vingt-quatre heures du délit, il soit affirmé par le rédacteur devant le juge de paix ou l'un de ses suppléants ou devant le maire ou l'adjoint, soit de la commune de sa résidence, soit de celle où le délit a été commis.

Toutefois il faut s'empresser de dire qu'il n'y a de soumis à cette formalité que les procès-verbaux *des gardes;* par conséquent ceux des gendarmes et de tous les autres agents proposés à la constatation des délits de chasse en sont dispensés. Mais en même temps remarquons que l'expression *garde* comprend les *gardes-forestiers* comme les autres[2]. Les procès-verbaux dressés par eux pour délit de chasse échappent donc aux formalités tracées par l'article 165, § 2 du Code forestier, et retombent sous l'application de notre article 24[3].

L'affirmation devra être faite *dans les vingt-quatre heures du délit.* On ne peut hésiter sur le point de départ de ce délai, il commencera à courir au moment même où le garde surprendra le délinquant. Mais quand expirera-t-il? Vingt-quatre heures après;

1. Cass., 20 juin 1812.
2. Cass., 4 sept. 1847.
3. Dijon, 18 déc. 1844.

par conséquent à la même heure, le lendemain du jour où le délit a été commis[1]. Des doutes ont été soulevés sur ce point, mais il nous paraît tellement évident que nous ne nous arrêterons pas à les dissiper. Une question plus délicate est celle de savoir comment le garde qui aura omis de mentionner dans son procès-verbal l'heure du délit, et qui aura attendu au lendemain pour faire l'affirmation, pourra prouver qu'il n'a pas dépassé le délai de vingt-quatre heures. Ceci montre non-seulement l'impérieuse nécessité de la date, mais encore de la mention de l'heure.

Les magistrats compétents pour recevoir l'affirmation sont : 1° les juges de paix ou leurs suppléants ; 2° les maires et adjoints tant de la commune de la résidence du garde rédacteur que de celle où le délit a été commis. La loi a pris soin de les indiquer limitativement ; par conséquent un conseiller municipal ne pourrait pas remplacer le maire, à moins qu'il n'en remplisse les fonctions.

L'affirmation du garde rédacteur sera faite par serment, après que lecture du procès-verbal lui aura été donnée par le magistrat chargé de la recevoir. Ce dernier mentionnera au bas du procès-verbal que le garde, après en avoir entendu la lecture, l'a affirmé par serment sincère et véritable.

Les articles 20 et 34 de la loi du 22 frimaire an VII obligent tous les officiers publics, ayant pouvoir

[1]. Cass., 4 sept. 1847.

de rédiger des procès-verbaux, à les faire enregistrer dans les quatre jours sous peine d'une amende de 25 francs et de la nullité du procès-verbal. En présence de ces dispositions, on s'est demandé si les procès-verbaux des gardes champêtres et forestiers étaient nuls par cela seul qu'ils n'étaient pas enregistrés. La négative a été admise par la jurisprudence[1] qui ne déclare les dispositions de la loi de l'an VII applicables qu'aux procès-verbaux faisant foi jusqu'à inscription de faux.

Les procès-verbaux constatant des délits de chasse feront foi jusqu'*à preuve contraire*. Dans le projet soumis à la Chambre ils devaient faire foi jusqu'à inscription de faux. Cela ne fut pas admis. Par conséquent ils peuvent être combattus par la preuve testimoniale ou écrite (Art. 154 C. I. C.). Mais ils ne pourraient l'être par les allégations des parties[2], par des renseignements pris en dehors de l'audience[3], par des faits parvenus à la connaissance personnelle des juges[4], ou enfin par la notoriété publique[5].

Mais de quoi les procès-verbaux feront-ils foi? De ce que le rédacteur affirmera avoir constaté lui-

1. Cass., 1 mars 1818. — Cass., 5 mars 1819. — Cass., 18 fév. 1820. — Cass., 16 juin 1824.

2. Cass., 17 fév. 1847. — Cass., 30 mai 1856. — Cass., 15 juin 1858.

3. Cass., 13 fév. 1857.

4. Cass., 19 nov. 1844. — Faustin-Hélie, t. IV, p. 618.

5. Cass., 24 juill. 1835.

même *propriis sensibus*, et non des faits qu'il déclarera lui avoir été rapportés [1].

§ 2. *Du témoignage.*

Des témoins peuvent être entendus, pour prouver un délit de chasse, dans deux cas différents : 1° Quand il n'a pas été dressé de procès-verbal ; 2° quand, au contraire, il en a été rédigé un. Dans le premier cas, ils fourniront à eux seuls toute la preuve ; dans le second, ils ne feront que compléter une preuve insuffisante.

Aux termes de l'article 11 de la loi du 30 avril 1790, les délits de chasse ne pouvaient être prouvés par un seul témoin. Il en fallait au moins deux *Testis unus, testis nullus.* Notre article 21 ne reproduit pas cette exigence, par conséquent un seul témoignage pourra suffire.

Qu'il y ait ou non un procès-verbal, les témoins devront, à peine de nullité, prêter serment, à l'audience, de dire toute la vérité, rien que la vérité (art. 155, C. I. C.). Les ascendants ou descendants de la personne prévenue, ses frères et sœurs ou alliés au même degré, la femme ou son mari ne pourront être témoins. Néanmoins, l'audition de ces personnes n'entraînera pas la nullité de la citation, si le ministère public, la partie civile ou le prévenu

1. Cass., 29 janv. 1825. — Cass., 2 janv. 1830.

ne se sont pas opposés à ce qu'elles soient enten-
dues (art. 156, C. I. C.). Nous n'insistons pas davantage sur les règles du témoignage en matière de
délits de chasse. Ce sont celles du droit commun.

CHAPITRE VII.

DES PEINES.

La loi de 1844 édicte quatre peines différentes : l'amende simple, l'amende avec prison facultative, la privation d'obtenir un permis de chasse, la confiscation des armes ou engins qui ont servi à commettre le délit.

De ces peines, les deux premières seulement sont principales. La privation de permis et la confiscation ne sont que des peines accessoires.

SECTION PREMIÈRE.

AMENDE SIMPLE.

« L'article 11 punit d'une amende de seize à cent francs :

1° Ceux qui auront chassé sans permis de chasse;

2° Ceux qui auront chassé sur le terrain d'autrui sans le consentement du propriétaire ;

3° Ceux qui auront contrevenu aux arrêtés des préfets concernant les oiseaux de passage, le gibier d'eau, la chasse en temps de neige, l'emploi des chiens lévriers, ou aux arrêtés concernant la destruction des oiseaux et celle des animaux nuisibles et malfaisants ;

4° Ceux qui ont pris ou détruit, sur le terrain d'autrui, des œufs ou couvées de faisans, de perdrix ou de cailles ;

5° Les fermiers de la chasse, soit dans les bois soumis au régime forestier, soit sur les propriétés dont la chasse est louée au profit des communes ou établissements publics, qui auront contrevenu aux clauses et conditions de leurs cahiers des charges relatives à la chasse. »

Nous avons dit, en parlant du permis de chasse, que rien ne pouvait le remplacer, pas plus la quittance du percepteur attestant le payement des droits, qu'un certificat du maire déclarant qu'il a reçu la demande et l'a transmise à la préfecture avec un avis favorable. Mais en même temps nous avons reconnu qu'il suffisait de produire un permis de chasse à l'audience pour échapper à la peine du § 1ᵉʳ de l'article 11. Nous ne faisons que rappeler ces points pour bien préciser la portée des expressions *chasse sans permis*.

Nous n'insisterons pas davantage sur le § 2 : de quelque manière que le consentement du proprié-

taire ait été donné, il sera suffisant. La simple tolérance vaudra tout autant qu'une permission écrite
ou verbale.

Le paragraphe 3, au contraire, demande quelques
explications. Les contraventions, en effet, aux arrêtés
préfectoraux dont il parle, pourront dans certains cas
entraîner l'application de l'article 12, c'est-à-dire
une amende de cinquante à deux cents francs avec
prison facultative de six jours à deux mois.

Précisons bien la sphère d'application des deux
articles.

L'article 12 sera applicable toutes les fois que la
contravention aura eu lieu en temps de fermeture,
le manquement à l'arrêté du préfet étant couvert
dans ce cas par la défense de chasser en temps prohibé. Il en sera de même quand la chasse aux oiseaux
de passage et au gibier d'eau aura eu lieu au moyen
d'engins prohibés. Ce ne sera plus, en effet, seulement l'arrêté du préfet qui aura été violé, mais la
prohibition de détenir des engins prohibes. Enfin,
dans le cas où le préfet aura interdit la destruction
des oiseaux, celui qui se permettrait de les chasser
par un mode autre que ceux autorisés par l'article 9,
devra être puni, non pas par application de notre
paragraphe, mais en vertu du paragraphe 2 de l'article 12.

Notre article au contraire trouvera son application, quand on aura employé des modes autres que
ceux déterminés par le préfet pour la chasse des
oiseaux de passage, quand on aura chassé en temps

de neige, et enfin d'une manière générale dans tous les cas où il y aura seulement violation de l'arrêté préfectoral, et non contravention à l'une des règles posées par la loi de 1844 elle-même.

Le paragraphe 4 ne peut soulever aucune difficulté. Il n'en est pas de même du paragraphe 5 qui a trait aux fermiers de chasse qui contreviennent à leur cahier des charges.

Mais nous avons déjà traité cette importante question dans la section troisième du chapitre premier, en parlant de la location du droit de chasse. Nous y avons admis que le paragraphe 5 de l'article 11 ne pouvait être appliqué qu'aux fermiers de la chasse et des bois soumis au régime forestier ou des propriétés des communes ou des établissements publics, et qu'il n'était pas plus permis d'appliquer le paragraphe 2 de l'article 11 aux locataires de la chasse d'un particulier qui contreviendraient aux clauses de son bail qu'aux invités du locataire qui y contreviendraient également.

SECTION II.

AMENDE AVEC PRISON FACULTATIVE.

L'article 12 est ainsi conçu :

Seront punis d'une amende de cinquante à deux cents francs, et pourront, en outre, l'être d'un emprisonnement de six jours à deux mois :

1° Ceux qui auront chassé en temps prohibé;

2° Ceux qui auront chassé pendant la nuit, ou à l'aide d'engins et instruments prohibés, ou par d'autres moyens que ceux qui sont autorisés par l'article 9 ;

3° Ceux qui seront détenteurs ou ceux qui seront trouvés munis ou porteurs, hors de leur domicile, de filets, engins ou autres instruments de chasse prohibés ;

4° Ceux qui, en temps où la chasse est prohibée, auront mis en vente, vendu, acheté, transporté ou colporté du gibier;

5° Ceux qui auront employé des drogues ou appâts qui sont de nature à enivrer le gibier ou à le détruire;

6° Ceux qui auront chassé avec appeaux, appelants et chanterelles.

Par ces expressions *temps prohibés* le § 1er indique seulement la période comprise entre la fermeture et l'ouverture et non la prohibition spéciale pour les temps de neige qui a sa sanction dans le § 3 de l'article 11.

Le paragraphe 2 punit la chasse pendant la nuit, ou à l'aide d'engins et instruments prohibés ou par des moyens autres que ceux autorisés par la loi.

Nous avons déjà dit ce qu'il fallait entendre par nuit. Les engins sont les instruments ou moyens de chasse inanimés qui procurent par eux-mêmes la capture ou la destruction du gibier[1]. Enfin nous connais-

1. De Neyremand, p. 143. — Grenoble, 2 janv. 1845.

sous les trois seuls modes de chasses autorisés par la loi. Chasse à tir, chasse à courre, chasse aux lapins avec bourses et furets. En dehors de ces trois modes, tous autres tombent sous le coup de notre paragraphe.

La détention, ou le transport hors du domicile des filets, engins, ou autres instruments de chasse prohibés tombe sous le coup du paragraphe 3 de notre article. On s'est demandé si c'était le fait matériel de détention qui était punissable par lui-même et à lui seul ou s'il fallait encore l'intention d'user des engins détenus. Nous ne croyons pas qu'il soit possible d'hésiter, le texte dit *ceux qui seront détenteurs* sans exiger aucune autre condition. Ce serait donc ajouter à la loi que d'admettre qu'il faille l'intention [1].

SECTION III.

PRIVATION D'OBTENIR UN PERMIS DE CHASSE.

Nous venons d'étudier les deux peines principales. Il est loisible aux tribunaux d'y ajouter comme accessoire la privation d'obtenir un permis de chasse. Cette privation toutefois ne pourra pas avoir une durée de plus de cinq ans, elle sera toujours facultative et pourra aussi bien être prononcée dans le cas d'un

1. Petit, t. I, p. p. 522. — Contra. De Neyremand, p. 156.

des délits prévus par l'article 11 que dans le cas de ceux prévus par l'article 12.

Nous ne saurions trop approuver la règle tracée par cet article qui permet lorsque le délinquant est pauvre d'abaisser l'amende jusqu'au minimun et de le punir néanmoins d'une manière sévère en le privant pour cinq ans du droit d'obtenir un permis de chasse.

Il va sans dire que dès que la condamnation qui a privé le délinquant du droit d'obtenir un permis de chasse est devenu définitive, elle le prive du permis dont il jouissait auparavant.

Le délai de cinq ans dont parle l'article 18 aura pour point de départ le jour où la condamnation sera devenue définitive.

SECTION IV.

CONFISCATION DES ARMES ET ENGINS.

L'article 16 dispose que : « Tout jugement de condamnation prononcera la confiscation des filets, engins et autres instruments de chasse. Il ordonnera en outre, la destruction des instruments de chasse prohibés.

Il prononcera également la confiscation des armes, excepté dans le cas où le délit aurait été commis par un individu muni d'un permis de chasse, dans le temps où la chasse est autorisée.

Si les armes, filets, engins ou autres instruments de chasse n'ont pas été saisis, le délinquant sera condamné à les représenter ou à en payer la valeur, suivant la fixation qui en sera faite par le jugement, sans qu'elle puisse être au-dessous de cinquante francs.

Les armes, engins ou autres instruments de chasse, abandonnés par les délinquants restés inconnus, seront saisis et déposés au greffe du tribunal compétent. La confiscation et, s'il y a lieu, la destruction, en seront ordonnés sur le vu du procès-verbal.

Dans tous les cas, la quotité des dommages-intérêts est laissée à l'appréciation des tribunaux. »

Cet article indique deux cas de confiscation : confiscation des armes, confiscation des engins prohibés ; il en est un troisième dont nous avons déjà parlé à propos de la prohibition générale de mettre en vente, vendre, acheter, transporter et colporter du gibier pendant le temps où la chasse n'est pas permise. La violation de cette prohibition entraîne la confiscation du gibier, qui doit être livré à l'établissement de bienfaisance le plus voisin. Nous ne faisons que rappeler ce cas de confiscation ; mais il nous faut étudier séparément et avec soin les deux autres.

§ 1. *Confiscation des armes.*

La confiscation des armes qui ont servi à commettre une contravention à la loi de 1844 doit être prononcée dans tous les cas. Une seule exception est admise en faveur de la personne qui munie d'un permis de chasse aurait commis un délit en temps d'ouverture. Ce cas se présentera notamment si quelqu'un se permettait de chasser sur le terrain d'autrui, sans le consentement du propriétaire, ou sur son propre terrain au moyen d'appeaux, appelants ou chanterelles.

Deux conditions sont donc impérieusement exigées pour échapper à la confiscation. Il faut que l'acte qui a motivé la poursuite ait été accompli en temps d'ouverture et par quelqu'un qui était muni d'un permis de chasse. Par conséquent, ne pourrait pas plus s'y soustraire celui qui, muni d'un permis, aurait chassé en temps prohibé, que celui qui, sans permis, aurait chassé en temps d'ouverture. Mais que faut-il entendre par ces mots : *dans le temps où la chasse est autorisée?* Font-ils seulement opposition à la fermeture générale ou comprennent-ils également la fermeture spéciale en temps de neige? La jurisprudence[1] et les auteurs[2] s'accordent à leur

1. Cass., 3 juill. 1845. — Cass., 3 janv. 1846. — Cass., 4 mai 1846. — Colmar, 1er février 1860.
2. Petit, t. II, p. 160.

reconnaître la portée la plus étendue et prononcent la confiscation dans les deux cas.

La même question s'élève à propos de la chasse pendant la nuit. Malgré l'avis contraire de quelques auteurs [1], nous croyons avec la jurisprudence qu'elle ne pourra donner lieu à la confiscation. Mais que décider, si le fusil avec lequel quelqu'un a chassé en délit ne lui appartenait pas? Il devra néanmoins être confisqué.

Certaines personnes ont l'habitude de chasser avec deux fusils. Devront-ils être tous deux confisqués? Une distinction est nécessaire : le chasseur s'est-il servi alternativement des deux armes pour commettre le délit, ils devront être tous deux confisqués. N'a-t-il fait usage que de l'un d'eux, celui-là seul sera confisqué.

Nous venons de voir quand la confiscation devait être prononcée. Examinons maintenant comment les choses se passeront suivant que l'arme aura été saisie par les agents chargés de constater le délit ou ne l'aura pas été. Nous ne parlerons pas de l'abandon fait par le délinquant resté inconnu. Il se confond avec le cas de saisie.

1° L'arme a été saisie par les agents chargés de constater le délit. Mais comment cela se pourra-t-il faire? Car dans l'article 25 il est dit: *les délinquants ne pourront être saisis ni désarmés.* Le seul moyen de concilier l'article 25 avec le paragraphe 3 de l'arti-

1. Petit, t. II, p. 161.

cle 14 consiste à dire : la saisie n'aura lieu que si le délinquant remet volontairement son arme au gardé, ou prend la fuite en la lui abandonnant.

Dans ces deux cas, qui sont les seuls possibles, l'agent qui aura opéré la saisie, devra déposer l'arme au greffe du tribunal. Elle sera gardée définitivement si la confiscation est prononcée, elle sera rendue au délinquant dans le cas contraire.

2° L'arme n'a pas été saisie; dans ce cas, le délinquant sera condamné à la représenter ou à en payer la valeur, selon la fixation qui en sera faite par le jugement sans qu'elle puisse être au-dessous de cinquante francs.

Ici un choix est laissé au délinquant condamné. Il pourra ou livrer son arme ou en payer la valeur. Dans le premier cas, ce sera au greffier du tribunal qui a rendu le jugement qu'il devra remettre son fusil. Il recevra en échange un récépissé qu'il produira au receveur de l'enregistrement, pour échapper au payement de la somme portée pour la valer. de l'arme. Dans le cas contraire, il devra payer la somme fixée par le tribunal, comme representant la valeur de l'arme.

§ 2. *Confiscation des engins prohibés.*

Dans tous les cas, la confiscation des filets, engins et autres instruments de chasse prohibés devra être prononcée par le jugement de condamnation.

A la différence des armes, les filets et autres engins prohibés seront détruits. Mais pourront-ils dans tous les cas être saisis par les agents chargés de constater les délits de chasse? Ou ne devront-ils l'être qu'en cas d'abandon du délinquant? Le texte de l'article 25 ne parle que des armes, d'où certains auteurs ont conclu que les engins prohibés pourraient dans tous les cas être saisis[1]. Tel n'est pas notre avis, la pensée du législateur ayant été d'éviter les conflits. Il est certain que dans ce cas ils seront peut-être moins à craindre que lorsque le délinquant est armé, mais il nous semble plus conforme à l'esprit de la loi de les prévenir dans tous les cas.

Nous ne répéterons pas ici ce que nous avons dit à propos des armes. Les engins prohibés doivent, comme elles, être déposés au greffe du tribunal en cas de saisie; et dans le cas contraire, le délinquant sera condamné à les représenter ou à en payer la valeur

Un dernier mot avant de passer au chapitre suivant. Les expressions *filets, engins et autres instruments prohibés* indiquent assez clairement qu'il ne s'agit que d'objets inanimés pour qu'on n'hésite pas sur le point de savoir s'il faut prononcer la confiscation d'un furet, par exemple. Autrement il faudrait aller jusqu'à dire qu'il faut aussi confisquer les traqueurs[2].

1. Petit, t. II, p. 187.
2. Paris, 22 janv. 1846.

CHAPITRE VIII.

AGGRAVATION DES PEINES.

Dans le chapitre précédent, nous avons vu quelles étaient les peines applicables aux délits de chasse. Ces peines peuvent être augmentées en raison de l'auteur du délit, du lieu ou des circonstances et de la récidive. Nous dirons en terminant ce chapitre un mot du cumul.

SECTION Ire.

AUGMENTATION DE PEINE A RAISON DE L'AUTEUR DU DÉLIT.

« Les peines déterminées part l'art. 11 et par le présent article (dit en terminant l'art. 12) seront toujours portées au maximum, lorsque les délits auront été commis par les gardes champêtres ou forestiers des communes, ainsi que par les gardes forestiers de l'État et des établissements publics. »

Dans cette disposition, il n'est parlé que des gardes champêtres ou forestiers des communes et des gardes forestiers de l'État. Que décider si le délit a été commis par un garde particulier, un maire ou un autre fonctionnaire chargé de constater les délits de chasse? Certains auteurs ont soutenu qu'il fallait leur appliquer l'art. 198 du Code pénal qui, en matière de délit de police correctionnelle, condamne au maximum les fonctionnaires ou officiers publics qui auraient commis l'un des délits qu'ils étaient chargés de réprimer. Tel n'est pas notre avis, et nous préférons admettre avec la Cour de cassation [1] que l'art. 198 du Code pénal n'est jamais applicable en matière de délit de chasse. A quoi servirait, en effet, la disposition spéciale du dernier paragraphe de l'art. 12, s'il était permis de condamner au maximum non-seulement les agents qu'il mentionne, mais encore tous les autres? En appliquant le droit commun seulement aux gardes de l'État et des communes, le législateur de 1844 a clairement manifesté sa volonté d'y déroger dans tous les autres cas.

Relativement aux gardes nommés dans notre paragraphe, on s'est demandé si le maximum de la peine ne leur était applicable que s'ils avaient commis un délit dans l'exercice de leurs fonctions, sur le territoire confié à leur surveillance. La négative a été admise avec raison [2], la loi attachant l'aggravation à la qualité de garde et non au lieu où le délit a été commis.

1. Cass., 17 août 1860. — Paris, 12 sept. 1844.
2. Cass., 4 oct. 1844.

Une question plus sérieuse est celle de savoir si le maximum dont parle notre article doit être celui de l'amende ou de la prison ou bien de ces deux peines cumulées. En d'autres termes, le juge doit-il nécessairement toujours cumuler les deux peines, l'amende et l'emprisonnement, et les appliquer au maximum, ou peut-il se contenter du maximum de l'une d'elles? Certains auteurs se fondant sur ces expressions *le maximum des peines* en ont conclu que l'emprisonnement et l'amende devaient être cumulés, car l'article 12 édicte ces deux peines. Or, ce ne serait pas le maximum *des peines*, si le juge était libre de n'en appliquer qu'une; d'ailleurs n'est-ce pas ainsi, ajoutent-ils, qu'on entend les mêmes expressions dans l'article 2 de la loi du 25 juin 1844? Enfin n'est-ce pas le meilleur moyen de remplir le vœu du législateur qui a été d'aggraver la peine[1]? Ces raisons ne sauraient nous convaincre. Le mot *peine* employé au pluriel, s'explique tout naturellement sans lui donner le sens absolu et cumulatif qu'on lui prête. Notre paragraphe ne renvoie-t-il pas à deux peines différentes, celle de l'article 11 et celles de l'article 12? Comment dès lors exprimer cette idée sans employer le pluriel? Il en est tout autrement en ce qui concerne l'article 2 de la loi du 25 juin 1844 qui ne renvoie qu'à un seul article (401 C. P.). Enfin pour ce qui est de la pensée du législateur, ce ne

---

1. Dalloz, Rép., au mot chasse, n° 208.—Gillon et Villepin, n° 336. Montpellier, 1ᵉʳ juillet 1844.

serait pas l'appliquer, mais la dépasser. Aussi décide-
rons-nous sans hésiter que le juge ne sera jamais
contraint d'appliquer cumulativement l'emprisonnement et l'amende[1].

SECTION II.

AGGRAVATION DE PEINE A RAISON DU LIEU OU DES CIRCONSTANCES.

L'article 11 du § 2 permet de porter au double l'amende de seize à cent francs, si le délit a
été commis sur des terres non dépouillées de leurs
fruits, ou s'il a été commis sur un terrain entouré
d'une clôture continue faisant obstacle à toute communication avec les héritages voisins, mais non attenant à une habitation.

Aux termes de l'avant-dernier paragraphe de l'article 12, les peines édictées par cet article, c'est-à-
dire une amende de cinquante à deux cents francs et
un emprisonnement facultatif de six jours à deux
mois, pourront également être portées au double contre ceux qui auront chassé pendant la nuit sur le
terrain d'autrui et par l'un des moyens spécifiés

1. Derriat-Saint-Prix, p. 189. — Rogron, p. 197. — Paris,
5 juillet 1844; Metz, 18 décembre 1852.

au § 2 de l'article 12, si les chasseurs étaient munis d'une arme apparente ou cachée.

Le fait de chasse, dit l'article 13, accompli sur le terrain d'autrui sans son consentement, si ce terrain est attenant à une maison habitée ou servant à l'habitation, et s'il est entouré d'une clôture continue faisant obstacle à toute communication avec les héritages voisins, sera puni d'une amende de cinquante à trois cents francs, et pourra l'être d'un emprisonnement de dix jours à trois mois.

Si le délit a été commis pendant la nuit, le délinquant sera puni d'une amende de cent francs à mille francs, et pourra l'être d'un emprisonnement de trois mois à deux ans, sans préjudice dans l'un et l'autre cas, s'il y a lieu, de plus fortes peines prononcées par le Code pénal.

Enfin les peines déterminées par les articles 11, 12 et 13 pourront être portées au double si le délinquant s'est déguisé ou masqué, s'il a pris un faux nom, s'il a usé de violence envers les personnes, s'il a fait des menaces.

La première disposition de l'article 14 se termine par ces mots : « sans préjudice, s'il y a lieu, de plus fortes peines prononcées par la loi, » Il pourrait en effet y avoir eu meurtre, coups ou blessures, et alors ce serait aux peines édictées par le Code pénal qu'il faudrait recourir.

SECTION III.

AGGRAVATION DE PEINE RÉSULTANT DE LA RÉCIDIVE.

« La récidive, dit M. Ortolan, est le fait de celui qui, après une première condamnation irrévocablement prononcée contre lui pour infraction à la loi pénale, commet une nouvelle infraction[1]. »

La récidive ne résulte donc pas de ce qu'il y a eu plusieurs délits commis, mais bien de ce qu'une condamnation devenue définitive a précédé le délit qui est actuellement dénoncé[2]. L'aggravation de peine qui en résulte se justifie par l'inefficacité de la première condamnation.

L'article 15 qui trace les règles de la récidive en matière de délit de chasse, exige que la seconde infraction à la loi pénale ait été commise moins de douze mois après le premier jugement. Par là le législateur de 1824 déroge au droit commun (art. 56, 57, 58, Code pénal). Mais cette dérogation n'est pas la seule. Pour qu'il y ait récidive en matière de délit de chasse, il faut que, après avoir été condamné une première fois, en vertu de la loi de 1844, le délinquant commette une nouvelle infraction également

1. M. Ortolan, *Éléments de droit pénal*, t. I, p. 150.
2. Cass., 17 fév. 1818. — Cass., 8 nov. 1831.

prévue et réprimée par cette loi, tandis qu'il y a récidive d'après le Code pénal, tout aussi bien si la première infraction a été punie par une loi et la seconde
par une autre, que si elles tombent toutes deux sous
le coup de la même.

Dans le cas de récidive, les peines édictées par les
articles 11, 12 et 13 pourront être portées au
double. Le juge en a la faculté, mais non l'obligation. Inutile d'ajouter que pas plus dans cette hypothèse que dans celle prévue par le paragraphe 6 de
l'article 12, le juge ne sera contraint de cumuler
l'amende et la prison.

Une dernière disposition termine l'article 14 :
« Lorsqu'il y aura récidive, dans les cas prévus en
l'article 11, la peine de l'emprisonnement de six
jours à trois mois pourra être appliquée si le délinquant n'a pas satisfait aux condamnations précédentes. »

Nous avons passé en revue les différents cas
d'aggravation de peine, disons un mot du cumul.

SECTION IV.

DU CUMUL DES PEINES ET DE LA NON-ADMISSION DES CIR-
CONSTANCES ATTÉNUANTES EN MATIÈRE DE DÉLIT DE
CHASSE.

L'article 20 déclare formellement que le bénéfice
des circonstances atténuantes ne sera pas applicable

aux délits de chasse. Il suffit d'indiquer cette règle et nous pouvons passer de suite à l'étude du cumul.

« Cette situation, dit M. Ortolan en parlant du cumul, est celle dans laquelle l'agent s'est rendu coupable de plusieurs délits, n'ayant encore été condamné pour aucun : d'où la conséquence que ces délits sont tous encore à punir[1]. »

Comment le seront-ils ? Deux systèmes opposés sont en présence : l'un peut se formuler en ces termes : « le cumul des délits emporte cumul des peines » et l'autre par ceux-ci : « la plus forte peine absorbe toutes les autres. »

Le législateur de 1844 n'en adopte pas un à l'exclusion de l'autre; mais suivant les cas, il les applique tous deux. Dans la première disposition de l'article 17 nous retrouvons en effet l'absorption de toutes les peines par la plus forte, et dans la seconde le cumul des peines, c'est-à-dire, l'application simultanée de toutes les peines encourues. La ligne de démarcation entre les deux règles est tracée par la dénonciation du procès-verbal, c'est-à-dire par le premier acte de poursuite. Le procès-verbal a-t-il été dénoncé avant que le nouveau délit ait été commis, les peines seront cumulées; la plus forte sera seule applicable, dans le cas contraire.

Si les peines sont cumulées, il faudra les additionner et en appliquer la somme. Si au contraire la plus forte seule est applicable, il faudra se con-

1. M. Ortolan, *Éléments de droit pénal*, p. 148.

former aux règles suivantes : la prison quelque minime qu'elle soit sera plus forte que la plus grosse amende. C'est le *maximum* de la peine applicable qu'il faut envisager pour déterminer quelle est la peine la plus forte. Si les délits donnent lieu à des peines dont le *maximum* est le même, il faudra appliquer celle dont le *minimum* est le plus élevé.

L'art. 17 ajoute : « Sans préjudice des peines de la récidive. » Ce qui permettra de tenir compte de l'aggravation résultant de l'article 14.

CHAPITRE IX.

SOLIDARITÉ DES PEINES EN CAS DE DÉLITS COMMIS CONJOINTEMENT. PRESCRIPTION DE LA PEINE.

SECTION I.

SOLIDARITÉ EN CAS DE DÉLITS CONJOINTS.

« Art. 27. Ceux qui auront commis conjointement les délits de chasse, seront condamnés solidairement, aux amendes, dommages-intérêts et frais. »

Le principe de la solidarité était en usage avant la
loi de 1790. Mais sous l'empire de cette loi, il fut
très-vivement contesté en matière de délits de chasse,
par ce double motif : 1° que la solidarité ne se présume pas ; 2° que l'article 55 du Code pénal n'est
pas applicable aux matières spéciales.

La loi de 1844 fait cesser toute incertitude à cet
égard en transportant l'article 55 du Code pénal
dans les matières de chasse. Elle déclare que la solidarité a lieu, non-seulement pour les dommages-

intérêts et les frais, mais encore pour les amendes qui constituent une peine. Mais parces mots : « commis conjointement des délits de chasse », le législateur a clairement manifesté sa volonté d'exiger qu'il y ait entre les délinquants communauté de délit.

Dès lors, il est évident que le fait de chasse *sans permis* n'entraînera jamaisde condamnation solidaire contre plusieurs chasseurs. Il s'agit en effet d'une omission toute personnelle. Il en serait de même de deux individus chassant ensemble, si l'un n'avait pas de port d'armes et que l'autre se trouve seul sur le terrain d'autrui. Il n'y aurait pas participation des deux chasseurs au même délit; chacun aurait commis un délit différent; il n'y aurait pas de solidarité.

L'intention de participer au même fait ne suffit même pas pour constituer la solidarité; il faut la communauté de fait et d'intention [1]. Ceux-là seuls, par conséquent, qui se trouveraient sur le même terrain d'autrui seraient passibles de condamnations solidaires.

Mais si deux chasseurs participent à un fait indivisible; s'ils sont surpris, par exemple, traînant un filet, il est évident qu'ils sont alors associés de fait et d'intention de la manière la plus étroite; la solidarité n'est pas douteuse.

Dans tous les cas, il doit y avoir autant de condamnations et d'amendes que de délinquants, car il

1. Cass., 3 nov. 1827.

y a autant de délits distincts que de chasseurs[1], et quelque différence qu'il y ait entre les peines prononcées, chacun des délinquants sera tenu au payement de la totalité des amendes, dommages-intérêts et frais, sauf, bien entendu, son recours contre ses co-délinquants.

SECTION II.

PRESCRIPTION.

L'art. 29 dit : « Toute action relative aux délits prévus par la présente loi sera prescrite par le laps de trois mois, à compter du jour du délit. »

On s'est demandé si le jour du délit devait être compté dans le délai de trois mois. Mais à juste titre d'après nous, la négative a été admise[2]. On a également hésité sur le point de savoir si le délai de trois mois devait s'entendre de trois fois trente jours ou de tel quantième à tel autre, du 10 mai, par exemple, au 10 août. C'est cette dernière interprétation qui doit être admise[3].

Toutes les règles du droit commun sur l'interruption de la prescription sont applicables à celle qui nous occupe.

La loi de 1844 se termine par deux articles qui ne

1. Cass., 17 juill. 1823.
2. Cass., 2 fév. 1865.
3. Nancy, 28 janv. 1844.

se rattachent à aucun des points que nous avons traités. Qu'il nous suffise de les mentionner en terminant :

Art. 30. Les dispositions de la présente loi, relatives à l'exercice du droit de chasse, ne sont pas applicables aux propriétés de la couronne. Ceux qui commettraient des délits de chasse dans ces propriétés seront poursuivis conformément aux sections II et III.

Art. 31. Le décret du 2 mai 1812 et la loi du 30 avril 1790 sont abrogés. Sont et demeurent abrogés les lois, arrêtés, décrets et ordonnances intervenus sur les matières réglées par la présente loi, en tout ce qui est contraire à ses dispositions. »

POSITIONS.

DROIT ROMAIN.

1. L'usufruitier a le droit de chasse.

2. Même dans la doctrine sabinienne, la *derelictio* est une application de la *traditio incertæ personæ*.

3. Les meubles, comme les immeubles pris sur l'ennemi appartiennent en principe à l'État.

4. Dans le droit de Justinien la *nova species* appartient toujours au spécificateur lorsque outre son industrie il a fourni une partie de la matière.

5. L'occupation des *res mancipi* fait acquérir immédiatement le *dominium ex jure quiritium*.

6. Le *nudum pactum* produit généralement une obligation naturelle.

7. Le créancier d'un fils de famille ne peut pas faire exécuter la condamnation obtenue contre lui pendant la durée de la puissance paternelle.

DROIT CIVIL.

1. Tant que le gibier est *in laxitate naturali*, il est *res nullius* et n'appartient pas par conséquent au propriétaire du fonds sur lequel il se trouve.

2. Dans le silence du bail il faut s'en référer aux articles 1156 et 1159 du Code civil pour savoir à qui du propriétaire ou du fermier appartient l'exercice du droit de chasse.

3. Le droit de chasse ne peut pas être établi comme servitude prédiale, mais il peut l'être comme servitude personnelle.

4. L'article 1743 du Code civil est applicable aux baux de chasse.

5. Le lit des petites rivières non navigables ni flottables appartenant aux riverains, la chasse de ces cours d'eau leur appartient également.

6. Le fait d'avoir découvert un animal sauvage et d'avoir commencé à le poursuivre ne peut constituer un commencement de possession opposable aux tiers.

7. Les père et mère ne sont pas responsables des délits de chasse commis par leur fils mineur veuf demeurant avec eux.

8. Mais ils répondent de ceux commis par leur fils mineur émancipé autrement que par le mariage.

9. Le propriétaire qui, sans avoir spécifié qu'en louant sa chasse il entendait se réserver son droit, se permettrait de chasser sur ses terres ne pourrait pas être poursuivi en vertu de la loi de 1844, mais seulement en dommages-intérêts conformément au droit commun.

10. Le fermier d'une chasse, en cas de privation de jouissance par suite de force majeure a le droit de demander la résiliation du bail ou une diminution de prix proportionnelle au manque de jouissance.

DROIT ADMINISTRATIF.

1. Le chasseur dont le permis aurait été perdu ou détruit ne peut être contraint à acquitter de nouveaux droits pour en obtenir un duplicata. (*Thèse*, p. 132.)

2. Le préfet ne peut retirer le permis de chasse à une personne qui se trouvait à son insu au moment de la délivrance dans une des catégories où il pouvait ou devait le refuser. (*Thèse*, p. 140.)

3. Le délai d'un an pendant lequel le permis de chasse est valable a pour point de départ la date apposée par le préfet et expire le jour anniversaire de cette date. (*Thèse*, p. 142.)

4. L'arrêté d'ouverture qui n'aurait pas été publié dix jours avant celui qu'il fixe, permet néanmoins de chasser ce jour-là. (*Thèse*, p. 114.)

5. Celui de fermeture, au contraire, n'a de force obligatoire que dix jours après sa publication. (*Thèse*, p. 115.)

6. Le second arrêté reportant à une époque postérieure l'ouverture fixée par un précédent n'est pas soumis au délai de dix jours. (*Thèse*, p. 115.)

DROIT PÉNAL.

1. Les personnes comprises dans le § 2 de l'art. 6 de la loi de 1844, pourront obtenir un permis de chasse dès que leur peine sera expirée. (*Thèse*, p. 138).

2. La simple détention des engins prohibés tombe sous le coup du § 3 de l'art. 12, alors même que rien ne révélerait chez le détenteur l'intention d'en faire usage. (*Thèse*, p. 168).

3. Celui qui aura loué la chasse d'une propriété particulière ne pourra être poursuivi en vertu de la loi de 1844 s'il viole les clauses du bail. Il pourra seulement être actionné en dommages-intérêts conformément au droit commun. (*Thèse*, p. 102.)

4. La violation des clauses du cahier des charges, ou du bail, s'il s'agit des biens des particuliers, ne pourra donner lieu à aucune poursuite contre

les personnes invitées par l'adjudicataire ou le locataire. (*Thèse*, p. 102.)

5. L'art. 12, dernier alinéa, de la loi de 1844 n'impose pas au juge l'obligation de cumuler la prison et l'amende en les portant au maximum. (*Thèse*, p. 265.)

DROIT DES GENS.

1. L'enrôlement de volontaires toléré par un neutre chez lui, au profit d'un belligérant, constitue une violation de la neutralité.

2. Un gouvernement neutre a le droit de reconnaître comme belligérants des révoltés sécessionnistes, dès que ces derniers ont établi chez eux un gouvernement régulier et qu'ils font la guerre suivant les règles du droit des gens.

Vu par le doyen de la Faculte :
G. COLMET-D'AAGE.

Vu : par le président de la thèse,
J. E. LABBÉ.

Vu et permis d'imprimer :
Le vice-recteur de l'Académie de Paris,
A. MOURIER.

PARIS. — TYPOGRAPHIE LAHURE
Rue de Fleurus, 9.